GERHARD OBERHAMMER

MATERIALIEN ZUR GESCHICHTE DER RĀMĀNUJA-SCHULE IV

ÖSTERREICHISCHE AKADEMIE DER WISSENSCHAFTEN
PHILOSOPHISCH-HISTORISCHE KLASSE
SITZUNGSBERICHTE, 659. BAND

Veröffentlichungen zu den Sprachen und Kulturen Südasiens
Heft 31

MATERIALIEN ZUR GESCHICHTE DER RĀMĀNUJA-SCHULE

IV

VERLAG DER
ÖSTERREICHISCHEN AKADEMIE DER WISSENSCHAFTEN

WIEN 1998

ÖSTERREICHISCHE AKADEMIE DER WISSENSCHAFTEN
PHILOSOPHISCH-HISTORISCHE KLASSE
SITZUNGSBERICHTE, 659. BAND

GERHARD OBERHAMMER

DER „INNERE LENKER" *(ANTARYĀMĪ)*
GESCHICHTE EINES THEOLOGEMS

VERLAG DER
ÖSTERREICHISCHEN AKADEMIE DER WISSENSCHAFTEN
WIEN 1998

Vorgelegt von w. M. Gerhard Oberhammer
in der Sitzung am 19. Juni 1998

Umschlagbild:

Dreiköpfiger, vierarmiger Viṣṇu, Bronze-Statuette (48,5 cm Gesamthöhe), Nordwestindien/Kaśmir, Mitte 7. Jh. n. Chr.; Museum für Indische Kunst Berlin, Staatliche Museen Preußischer Kulturbesitz, IC 43411

ISBN 3-7001-2747-2

Druck: Ferdinand Berger & Söhne GesmbH., 3580 Horn

INHALT

BĀU	Bṛhadāraṇyakopaniṣad
BĀUBh	Bṛhadāraṇyakopaniṣadbhāṣya des Śaṅkara: The Bṛhadaranyakopanishad [Upanishadbhashyam – Volume-3] with the Bhashya of Shri Shankaracharya, annotated by Sri ANANDAGIRI. (Advaita Grantha Ratna Mañjūṣa-Ratna 28). Varanasi 1986.
Bhbh	Brahmasūtrabhāṣya des Bhāskara: Brahmasūtrabhāṣyam bhāskarācāryaviracitam. Brahmasûtra with a commentary by Bhâskarâchârya. Ed. by VINDHYESVARÎ PRASÂDA DVIVEDIN. (Chowkhamba Sanskrit Series 70, 185, 209). Benares 1915.
BrSū	Brahmasūtra
BrSūbh	Brahmasūtrabhāṣyam des Śaṅkara: The Brahmasutrabhāṣya. Text with Foot-Notes & Variants etc. Re-edited with Notes, various Readings etc. by NĀRĀYAN RĀM ĀCHĀRYA. Bombay [3]1948.
CARMAN	JOHN B. CARMAN, The Theology of Rāmānuja. Bombay 1981.
ChU	Chāndogya-Upaniṣad
Iṣṭasiddhi	Iṣṭa-Siddhi of Vimuktātman with extracts from the Vivaraṇa of Jñānottama. Crit. ed. with introduction and notes by M. HIRIYANNA. (Gaekwad's Oriental Series 65). Baroda 1933.
JS	Jayākhyasaṃhitā. Crit. ed. with an introduction in Sanskrit, indices etc. by E. KRISHNAMACHARYA. (Gaekwad's Oriental Series 54). Baroda 1931.
MāṇḍUBh	Māṇḍūkya-Upaniṣadbhāṣyam: Upanisadbhasyam. Ed. with notes etc. by S. SUBRAHMANYASHASTRI. Vol. I. (Advaita Grantha Ratna

	Manjusha-Ratna 21). Varanasi 1979.
MuṇḍU	Muṇḍakopaniṣad
NM	Nītimālā des Nārāyaṇarya: Nītimālā by Narāyaṇarya. Ed. with introduction and notes by R. RAMANUJACHARI and K. SRINIVASACHARYA. (Annamalai University Philosophy Series 2). Annamalai 1940.
NySiddh	Nyāyasiddhāñjanam des Veṅkaṭanātha, in: Vedāntadeśikagranthamālāyāṃ [vedāntavibhāge 2] Mīmāṃsāpāḍukā, Seśvaramīmāṃsā, Nyāyapariśuddhiḥ, Nyāyasiddhāñjanaṃ ca. Ed. by AṆṆAṂGARĀCĀRYA. Madras 1940.
OBERHAMMER, Materialien I	G. OBERHAMMER, Materialien zur Geschichte der Rāmānuja-Schule I. Parāśarabhaṭṭas Tattvaratnākaraḥ. (Phil.-hist. Kl. Sb 346). Wien 1979.
OBERHAMMER, Materialien II	– Materialien zur Geschichte der Rāmānuja-Schule II. Vātsa Varadagurus Traktat von der Transzendenz des Brahma in der kontroverstheologischen Tradition der Schule. (Phil.-hist. Kl. Sb 633). Wien 1996.
OBERHAMMER, Materialien III	– Materialien zur Geschichte der Rāmānuja-Schule III. Yādavaprakāśa, der vergessene Lehrer Rāmānujas. (Phil.-hist. Kl. Sb 646). Wien 1997.
ṚV	Ṛgveda
Śrībh	Śrībhāṣya des Rāmānuja, siehe ŚruP
ŚruP	Śrutaprakāśikā des Sudarśanasūri. In: Bādarāyaṇapraṇīta-Brahmasūtrākhyaśārīrakamīmāṃsābhāṣyaṃ Rāmānujaviracitaṃ Śrībhāṣyam Sudarśanasūriviracita-Śrutaprakāśikākhyavyākhyāsamudbhāṣitam. 2 Vols. [Ubhayavedāntagranthamālā]. Madras 1967.
SubU	Subālopaniṣad: Upaniṣat-Saṁgrahaḥ. Containing 188 Upaniṣads. Ed. with Sanskrit Introduction by J. L. SHASTRI. Delhi 1970.
	Subālopaniṣadvivaraṇam des Sudarśaṇasūri.

SubUVi	In: Kenadyupanishat - Purusha Sukta - Sri Sukta Bhashya by Ranga Ramanuja Muni and other old Acharyas, with Uthamur T. Viraraghavacharya's Commentary named Parishkara and Upanishadartha Karikas. Madras 1972, pp. 598-671.
ŚvetU	Śvetāśvataropaniṣad
TaitĀ	Taittirīyārāṇyaka
TaitU	Taittirīyāraṇyakopaniṣad
Tattvatraya[1]	Tattvatraya des Nārāyaṇa Muni. In: BALARAM MONDAL, Tattvatraya, an unpublished manuscript of Nārāyaṇa Muni. Journal of the Asiatic Society 32 (1990), pp. 73-85.
Tattvatraya[2]	Tattvatraya des Piḷḷai Lokācārya: The Tattvatraya of Lokācārya. A treatise on Viśiṣṭādvaita Vedānta. An English and Hindi translation. B.M. AWASTHI and C.K. DATTA. New Delhi 1973
TD	Tātparyadīpikā des Sudarśanasūri: Rāmānuja viracitaḥ Vedārthasaṃgrahaḥ Śrutaprakāśikācāryaiḥ Sudarśanabhaṭṭārakaiḥ anugr̥hītayā Tātparyadīpikayā yuktaḥ Vaiṣṇavasampradāyagranthamālāsahāyasampādakena sāhityanyāya-vedāntaśiromaṇinā ubhayavedāntaviduṣā. Tirupati 1953.
US	Upadeśasāhasrī des Śaṅkara: Upadeśasāhasrī. Śaṅkara's Upadeśasāhasrī. Critically edited with Introduction and Indices by SENGAKU MAYEDA. Tokyo 1973.
VedD	Vedāntadīpa des Rāmānuja: Vedântadeepa. A Gloss on Brahmasutras by Râmânujâchârya. Edited by ÂCHÂRYA BHAṬṬANÂTHASWÂMY. (Benares Sanskrit Series 69, 70, 80). Benares 1904.
VedS	Vedārthasaṃgraha des Ramānuja: Rāmānuja's Vedārthasaṃgraha. Introduction, Crit. ed. and annotated transl. by J. A. B. VAN BUITENEN. Poona 1956.

VVD	Viṣayavākyadīpikā des Rāmānuja: Viṣayavākyadīpikā raṅgarāmānujamuni praṇītā. Lakṣmaṇācāryeṇa ṭippaṇṇī niveśanādinā pariṣkṛtā. Varanasi 1955.
WZKSO	Wiener Zeitschrift für die Kunde Süd- und Ostasiens
YMD	Yatindramatadīpikā des Śrīnivasācārya, in: Srî Bhâshya Vârtika. A treatise on Visishtâdvaita philosophy, *also* Yatîndra Mat Dîpikâ by Nivâsâ Chârya, *and* Sakalâchâryamat Sangrah. Ed. by RATNA GOPÂL BHAṬṬA. Fasc. 2. (Benares Sanskrit Series 123 & 133). Benares 1907.

Der Grundtext und die Auslegung Śaṅkaras

Yajñavalkyas Lehre vom 'Inneren Lenker' (*antaryāmin*), die im späteren Viśiṣṭādvaita auch als Lehre vom *antaryāmin*-Avatāra und der Sache nach, wenn auch meist ohne Verwendung des Terminus, ebenfalls im Pāñcarātra begegnet, wird in der Tradition des Vedānta durch das Antaryāmyadhikaraṇa der Brahmasūtren[1] lebendig erhalten, das seinerseits auf BĀU 3, 7, 1 ff. verweist, wenn es BrSū 1, 2, 19 heißt: *antaryāmy adhidaivādhilokādiṣu taddharmavyapadeśāt.* Der Verweis *adhidaivādhilokādiṣu* zeigt, daß dieses Sūtra sowohl die Kāṇva- wie auch die Mādhyandina-Rezension der Upaniṣad im Auge hat.[2] Der entscheidende Gedanke dieses Abschnittes lautet: „Wer, in der Erde befindlich, von der Erde verschieden ist, den die Erde nicht kennt, dessen Körper die Erde ist, der die Erde, [ihr] innerlich, [in ihrem Wesen] hält und lenkt, der ist Dein Ātmā, der unsterbliche 'Innere Lenker'."[3] Dieser Gedanke wird dann in stereotyper Formel auf alle Elemente, Welten, Wesen usw. angewandt.[4] Der so eingeleitete Abschnitt der Bṛhadāraṇyaka-Upaniṣad ist in der großen Diskussion (*brahmodya*) am Hofe des

---

[1] BrSū 1, 2, 19-21 in der Zählung Rāmānujas, 18-20 in der Zählung Śaṅkaras und Bhāskaras.

[2] *adhilokam* begegnet nur in der Mādhyandina-Rezension; außerdem erwähnt BrSū 1, 2, 21 ausdrücklich beide Rezensionen. Śaṅkara liest das Sūtram jedoch ohne *adhiloka.*

[3] *yaḥ pṛthivyāṃ tiṣṭhan pṛthivyā antaraḥ, yaṃ pṛthivī na veda, yasya pṛthivī śarīraṃ, yaḥ pṛthivīm antaro yamayati, sa ta ātmāntaryāmy amṛtaḥ* (BĀU 3, 7, 7).

[4] Ein Charakteristikum der Lehre Yajñavalkyas vom Antaryāmī ist es, daß sie, jedenfalls in der Form wie sie hier erzählt wird, nicht zu dem Typus upaniṣadischer Lehren gehört, die vom Ursprung der Welt und der Geschöpfe und dem Eingehen des Urwesens in diese handeln, sondern den Eindruck einer „onto-mythologischen" Deutung des Seins der verschiedenen Gegebenheiten und ihrer Beziehung zu einem sie determinierenden, transzendenten Wesen machen.

Königs Janaka Yajñavalkyas Antwort auf die Frage Uddālaka Āruṇis nach dem 'Inneren Lenker'.

Wie immer man diese Stelle philologisch interpretiert, sie enthält jedenfalls zwei entscheidende Gedanken: Zunächst wird eine umschreibende Bestimmung des 'Inneren Lenkers'[5] gegeben, – nach dem Uddālaka Āruṇi vielleicht ebenso enigmatisch fragt, wie Yajñavalkya antwortet – durch welche Yajñavalkya offenbar, ohne es ausdrücklich zu nennen, das Brahma evoziert, und zweitens das so Evozierte im Sinne seiner Ātmā-Lehre mit dem 'Selbst' (*ātmā*) des Fragenden identifiziert[6].

§ 1. Die Ausdrucksweise Yajñavalkyas, welche gleichsam nach Art eines Rätsels die Identität des 'Inneren Lenkers' andeutet und doch in der Schwebe läßt, gehört der Sprache der upaniṣadischen Theologen an. Sie ist aber in ihrer andeutenden Art keine begriffliche Aussage, sondern evozierende Rede von etwas, das als religiöse Erfahrung in Erscheinung tritt. Gerade der Umstand, daß nicht klar gesagt ist, wer oder was dieser 'Innere Lenker' ist, ist offenbar Anlaß, daß in BrSū 1, 2, 19 im Sinne einer abschließenden Entscheidung gesagt ist: „Der 'Innere Lenker' ist [der höchste Ātmā], weil in den [Aussagen] bezüglich der Gottheiten, der Welten usw.[7] dessen Beschaffenheiten gelehrt werden." Dies bedeutet offensichtlich, daß diese Lehre in der Vedānta-Tradition vor der Formulierung der Brahmasūtren in verschiedener Weise verstanden werden konnte und verstanden wurde.

Diese Deutung scheint jedenfalls auch der älteste erhaltene Kommentar, das Bhāṣya des Śaṅkara, zu bestätigen, wenn er mit der Formulierung einer Frage einsetzt, auf die BrSū 1, 2, 19 die Antwort sein soll: „Nachdem [der Abschnitt mit den Worten]: 'Wer diese und jene Welt und wer alle Wesen, [ihnen] innerlich, [in ihrem Wesen] trägt und lenkt' begonnen wurde,[8] wird in der Śruti gelehrt: 'Wer, in der Erde befindlich, von der Erde verschieden ist,

[5] Vgl. *yaḥ pṛthivyāṃ tiṣṭhan* etc.

[6] Vgl. *sa ta ātmā.*

[7] D. h. in den Aussagen von BĀU 3, 7, 7 ff.

[8] Bemerkenswerter Weise bezieht sich Śaṅkara hier auf die Mādhyandina-Rezension, obwohl er selbst seinem Kommentar zur Bṛhadāraṇyaka-Upaniṣad die Kāṇva-Rezension zugrundelegt.

den die Erde nicht kennt, dessen Körper die Erde ist, der die Erde, [ihr] innerlich (*antaraḥ*), [in ihrem Wesen] hält und lenkt (*yamayati*), der ist Dein Ātmā, der unsterbliche 'Innere Lenker' usw. Dort wird in der Śruti bezüglich der himmlischen Wesenheiten (*adhidaivam*), der Welten (*adhilokam*), des Veda, des Opfers, der Wesen (*adhibhūtam*) und hinsichtlich der eigenen Person (*adhyātmam*) irgendein Lenker, der im Inneren befindlich ist, als 'Innerer Lenker' gelehrt.

Da man eine zuvor nicht [gekannte] Bezeichnung (*scil. antaryāmin*) feststellt, entsteht der Zweifel, ob dieser [Lenker] irgendein Wesen göttlicher Art (*devatātmā*) ist, das sich als Wesen himmlisch-kosmischer Gegebenheiten wähnt, oder irgendein Yogī, der Herrscherlichkeit wie [die Fähigkeit], atomklein zu sein usw. erworben hat, oder der höchste Ātmā, oder irgendetwas anderes. Was scheint uns zunächst [wahrscheinlich]? Daß es wegen der unbekannten Bezeichnung irgend etwas anderes, Unbekanntes sein [muß], oder anzunehmen, daß es nicht etwas anderes, dessen Form unbekannt ist, sein kann? Nun ist das Wort 'Innerer Lenker' (*antaryāmin*) in seiner Verbindung mit dem Lenken im Innern verwendet [und als solches] nicht gänzlich unbekannt. Daher dürfte der 'Innere Lenker' irgendein Gott sein, der sich als Erde usw. wähnt; und in diesem Sinne heißt es auch in der Śruti: 'Für den die Erde, das Feuer, die Welt, das Manas [und] das Licht die Stätte ist' usw.[9] Und dieser lenkt, da er Körper und Sinnesorgane besitzt, die Erde usw. in [ihr] befindlich; [daher] ist es richtig, daß ein Wesen göttlicher Art (*devatātmā*) der Lenker ist. Oder irgendein Yogī, der über wunderbare Kräfte verfügt (*siddha*), ist dadurch, daß er in alles eingedrungen ist, [dessen] Lenker, nicht aber wird der höchste Ātmā [als Lenker] erkannt, weil dieser weder Körper noch Sinnesorgane besitzt.

Wenn man zu diesem [Ergebnis] gelangt, wird gesagt: Der 'Innere Lenker', der in den Śruti[-Stellen] bezüglich der himmlischen Wesenheiten (*adhidaiva*) gelehrt wird, ist der höchste Ātmā, niemand anderer."[10]

---

[9] BĀU 3, 9, 10.

[10] BrSūBh p. 79, 6-22: *ya imaṃ ca lokaṃ paraṃ ca lokaṃ sarvāṇi ca bhūtāni yo 'ntaro yamayati ityupakramya śrūyate – yaḥ pṛthivyāṃ tiṣṭhan pṛthivyā antaro yaṃ pṛthivī na veda yasya pṛthivī śarīraṃ yaḥ pṛthivīm antaro yama-*

Der hier von Śaṅkara im Sinne einer Problemstellung formulierte Zweifel zeigt, daß die erwähnte Upaniṣadenstelle in der Vedānta-Tradition jedenfalls vor Śaṅkara nicht so eindeutig verständlich war, daß die von ihm vorgetragenen Alternativen ihrer Deutung von vornherein ausgeschlossen gewesen wären.[11] Vielmehr scheinen diese tatsächlich als denkbare Möglichkeiten der Deutung verstanden worden zu sein, auch wenn man nicht recht sieht, wie beispielsweise die Alternative des Yogī, der dank seiner außernormalen Kräfte in alles eingedrungen ist, ernsthaft zur Deutung des von Yajñavalkya gelehrten 'Inneren Lenkers' verwendet hätte werden können. Die zweite Alternative,[12] die Deutung des 'Inneren Lenkers' als eine Gottheit, könnte jedoch von bestimmten Exegeten der Upaniṣadenstelle tatsächlich gelehrt worden sein. Denn es ist bemerkenswert, daß die Deutung des 'Inneren Lenkers' als göttliches Wesen (*devatātmā*) im Inneren der jeweiligen Wesenheit recht ausführlich exegetisch begründet und belegt wird,[13] was durchaus auf

---

yaty eṣa ta ātmāntaryāmy amṛtaḥ ityādi / atrādhidaivatam adhilokam adhivedam adhiyajñam adhibhūtam adhyātmaṃ ca kaścid antaravasthito yamayitā 'ntaryāmīti śrūyate / sa kim adhidaivādyabhimānī devatātmā kaścit, kiṃ vā prāptāṇimādyaiśvaryaḥ kaścid yogī, kiṃ vā paramātmā, kiṃ vā 'rthāntaraṃ kiṃcid ity apūrvasaṃjñādarśanāt saṃśayaḥ / kiṃ tāvan naḥ pratibhāti? saṃjñāyā aprasiddhatvāt saṃjñināpy aprasiddhenārthāntareṇa kenacid bhavitavyam iti / athavā nānirūpitarūpam arthāntaraṃ śakyam astītya bhyupagantum / antaryāmiśabdaś cāntaryamanayogena pravṛtto nātyantam aprasiddhaḥ / tasmāt pṛthivyādyabhimānī kaścid devo 'ntaryāmī syāt / tathā ca śrūyate – pṛthivy eva yasyāyatanam agnir loko mano jyotiḥ ityādi / sa ca kāryakāraṇavattvāt pṛthivyādīn antas tiṣṭhan yamayatīti yuktaṃ devatātmano yamayitṛtvam / yogino vā kasyacit siddhasya sarvānupraveśena yamayitṛtvaṃ syāt, natu paramātmā pratīyate, akāryakaraṇatvād ity evaṃ prāpta idam ucyate – yo 'ntaryāmy adhidaivādiṣu śrūyate, sa paramātmaiva syān nānya iti /

[11] Es verdient, festgehalten zu werden, daß die von Śaṅkara als Pūrvapakṣa vorgetragenen Alternativen in den Brahmasūtren selbst gar nicht erwähnt werden, und diese daher eine unterschiedliche Deutung von Yajñavalkyas 'Innerem Lenker' jedenfalls auch für die Zeit zwischen den Brahmasūtren und Śaṅkara zu bezeugen scheinen.

[12] Die Alternative von etwas Anderem, Unbekannten, wird von Śaṅkara unter Hinweis, daß das Wort *yamana* durchaus bekannt sei (vgl. Anm. 13), gleich ausgeschieden.

[13] So wird von ihm nach der Aufzählung der verschiedenen Deutungsmöglichkeiten gezeigt, daß als *antaryāmin* jedenfalls ein Agens des nomen actionis *yamana* gemeint sein muß, und daher die Bedeutung des Wortes *antar-*

eine konkret vorliegende Interpretation der Upaniṣadenstelle durch einen bestimmten Autor ebenso hinweisen könnte wie Śaṅkaras eher ausführliche Zurückweisung dieser Deutung in seinem Siddhānta. Der Abschnitt lautet:

„Warum [ist der 'Innere Lenker' der höchste Ātmā]? 'Weil dessen Beschaffenheiten erwähnt sind.'[14] Es wird nämlich festgestellt, daß hier die Beschaffenheiten des höchsten Ātmā [für den 'Inneren Lenker'] angegeben werden. Denn zunächst ergibt sich das Lenkersein des höchsten Ātmā in dem Sinne, daß er die gesamten Modifikationen (*vikārajātam*)[15] wie Erde usw., die als das Himmlische etc. unterschieden werden, in [diesen] befindlich, trägt und lenkt, weil [ihm], sofern er Ursache aller Modifikationen ist, Macht hinsichtlich allem [zukommt]. Und sofern [in der Upaniṣad gesagt ist]: 'Dieses ist Dein Ātmā, der unsterbliche 'Innere Lenker', ergeben sich für den höchsten Ātmā das Ātmā-Sein und die Unsterblichkeit im eigentlichen Sinne (*mukhye*); wenn weiters [die Śruti bemerkt], 'den die Erde nicht kennt', [und damit] sagt, daß der 'Innere Lenker' für die Erde unerkennbar ist, zeigt sie, daß der 'Innere Lenker' etwas anderes ist als der Ātmā einer Gottheit. Denn die Erde müßte sich selbst [so] erkennen: 'ich bin die Erd-Gottheit'. [Damit] betrifft die Aussage [der Upaniṣad] 'ungesehen' [und] 'ungehört'[16] den höchsten Ātmā, weil dieser keine Gestalt usw. besitzt. [Und] wenn [gesagt wurde:] 'für den höchsten Ātmā, der weder Körper noch Sinnesorgane besitzt, ist das Lenkersein unmöglich', so gibt es diesen Fehler nicht, weil das Körper-und-Sinnesorgane[-Besitzen] zufolge des Körpers und der Sinnesorgane dessen, was er lenkt, möglich ist. Auch gibt es den Fehler nicht, daß es einen Regressus gibt, [nämlich] daß auch für ihn ein Lenker [angenommen

---

yāmin nicht gänzlich unbekannt sei, und daher wohl eine Art Gottheit als *antaryāmin* anzunehmen sei, was auch durch die Śruti (BĀU 3, 9, 10) gestützt werde.

[14] BrSū 1, 2, 18.

[15] Man fragt sich, wie im System Śaṅkaras die Formulierung *samastaṃ vikārajātam* sinnvoll sein könnte, und ob nicht darin ein Anzeichen einer älteren Brahmasūtra-Exegese faßbar wird, die die Welt tatsächlich als *vikāra* des Brahma gesehen hat.

[16] BĀU 3, 7, 23.

werden müßte],[17] weil es [zwischen diesen beiden] keinen Unterschied gibt. Denn [nur], wenn [diese] verschieden wären, gäbe es den Fehler eines Regressus. Daher ist nur der höchste Ātmā der ‘Innere Lenker’.“[18]

Die Argumentation Śaṅkaras im Sinne seines idealistischen Monismus ist deutlich: Er zeigt zunächst, daß der höchste Ātmā als Ursache sämtlicher Weltphänomene (vgl. *samastaṃ vikārajātam*) die Macht hinsichtlich allem hat (vgl. *sarvaśaktyupapatteḥ*)[19] und daß er auf Grund der Aussage der Upaniṣad: ‘dieser ist Dein Ātmā, der unsterbliche Innere Lenker’, im eigentlichen Sinne der Ātmā ist und unsterblich. Nach dieser Argumentation widerlegt er die Lehre des Gegners, daß es sich beim ‘Inneren Lenker’ um eine Gottheit handle,[20] und kommt dabei auf einen Einwand zu sprechen, den er

---

[17] Siehe unten pp. 72 ff. und 79 f.

[18] BrSūbh pp. 79, 22 - 80, 7: *kutaḥ? taddharmavyapadeśāt / tasya hi paramātmano dharmā iha nirdiśyamānā dr̥śyante / pr̥thivyādi tāvad adhidaivādibhedabhinnaṃ samastaṃ vikārajātam antas tiṣṭhan yamayatīti paramātmano yamayitr̥tvaṃ dharma upapadyate; sarvavikārakāraṇatve sati sarvaśaktyupapatteḥ / eṣa ta ātmā 'ntaryāmy amr̥taḥ iti cātmatvāmr̥tatve mukhye paramātmana upapadyete / yaṃ pr̥thivī na veda iti ca pr̥thivīdevatāyā avijñeyam antaryāmiṇaṃ bruvan devatātmano 'nyam antaryāmiṇaṃ darśayati / pr̥thivī devatā hy aham asmi pr̥thivīty ātmānaṃ vijānīyāt / tathā adr̥ṣṭo 'śrutaḥ ityādivyapadeśo rūpādivihīnatvāt paramātmana upapadyata iti / yat tv akāryakaraṇasya paramātmano yamayitr̥tvaṃ nopapadyata iti / naiṣa doṣaḥ, yan niyacchati tatkāryakaraṇair eva tasya kāryakaraṇatvopapatteḥ / tasyāpy anyo niyantety anavasthādoṣaś ca na saṃbhavati; bhedābhāvāt / bhede hi saty anavasthādoṣopapattiḥ / tasmāt paramātmaivāntaryāmī //*

[19] Dies kann im Sinne Śaṅkaras wohl nur heißen, daß der höchste Ātmā als subsistierendes Bewußtsein (z. B. *avagati*) die Macht hat, jedem Phänomen (d. h. dem Nicht-Ātmā) Bewußtheit zu verleihen, und es so als „Objekt“ zur Erscheinung zu bringen.

[20] Die Formulierung *abhimānī* ist wohl so zu verstehen, daß es sich um eine Gottheit handelt, die sich als die jeweilige Wesenheit wähnt, von der Yajñavalkya spricht; dies deutet darauf hin, daß es sich im Falle einer jeden Wesenheit um dieselbe Gottheit handelt. Dieser Gottheit, die sich als diese ‘Wesenheit’ wähnt, würde durch das ‘Sich-als-diese-Wesenheit-Wähnen’ in der Sicht von Śaṅkaras Pūrvapakṣa eine ‘Eigenwirklichkeit’, etwa nach Art tantrisch-viṣṇuitischer Lehre von der Schöpfung, zukommen, insofern sie eine partikuläre Form dieser Gottheit wäre, die beispielsweise einen eigenen Körper, nämlich die jeweilige Wesenheit, usw. haben würde. Dazu könnte auch Śaṅkaras Hinweis, daß Gott (*īśvara*) „Nārāyaṇa“ die Erde, ihr innerlich, lenkt, zu stellen sein.

vorher nicht erwähnt hat, und den er daher aus dem Werk eines Gegners gekannt haben könnte, nämlich daß sich ein Regreß ergeben würde, wenn man den höchsten Ātmā im Sinne einer weiteren Wesenheit als 'Inneren Lenker' annehmen würde, weil man dann auch für diesen einen 'Inneren Lenker' annehmen müßte usw. Die Widerlegung dieses Einwandes im Sinne seines Monismus ist deutlich: Da der 'Innere Lenker' in seiner eigentlichen Wirklichkeit nichts anderes als der höchste Ātmā ist, würde auch der weitere Lenker nichts anderes als der höchste Ātmā sein.[21]

Dieser Text Śaṅkaras wird wertvoll durch seine Erörterung des 'Inneren Lenkers' in seinem Kommentar zu BĀU 3, 7, 3 ergänzt, in der Śaṅkaras Lehre vom 'Inneren Lenker' in einigen Aspekten deutlicher wird. Es geht Śaṅkara dabei nicht darum, den ursprünglichen Sinn der Upaniṣad wieder zu gewinnen, sondern darum, diese in seinem Sinn zu interpretieren: „Wer auf/in der Erde befindlich existiert, der ist der 'Innere Lenker'. Damit dies nicht überall zutrifft, insofern [nämlich] jeder auf der Erde befindlich ist, macht er die nähere Bestimmung, 'welcher der Erde innerlich, d. h. [in ihrem] Innern ist'. Diesbezüglich könnte aber [der Fall sein], daß der 'Innere Lenker' eben eine Gottheit 'Erde' ist. Daher sagt [die Upaniṣad], 'der 'Innere Lenker', den auch die Gottheit 'Erde' nicht kennt', [wobei sie denkt]: 'in mir befindet sich irgendein anderer'. Wessen Körper die Erde ist, nämlich wessen Körper eben die Erde ist [und] nicht ein anderes, [d. h.] was der Körper der Gottheit 'Erde' ist, eben das ist der Körper dessen. Die Verwendung [des Wortes] 'Körper' dient der äußerlichen Charakterisierung (*upalakṣaṇārtham*); auch der Sinnesapparat (*karaṇam*) der Erde kommt diesem ['Inneren Lenker'] zu. Denn Körper (*kāryam*) und Sinnesapparat (*karaṇam*) kommen der 'Erd'-Gottheit zu [und] sind mit ihrem Karma verbunden. Diese kommen diesem zu, weil dem 'Inneren Lenker' kein eigenes Karma zukommt, ist er doch ewig [aus dem Wesenskreislauf] emanzipiert. Was auf Grund dessen, daß er [seinem] Wesen nach gezwungen ist, um eines anderen willen tätig zu sein, Körper und Sinnesapparat eines anderen ist, das eben kommt diesem ['Inneren Lenker'] zu, nicht [aber] auf Grund seiner selbst. Das drückt [die Upaniṣad] aus, [wenn sie sagt]: 'Wessen Körper die Erde ist'. Zufolge der Nähe des Körpers und des Sin-

[21] Vgl. dazu Anm. 19.

nesapparates der Gottheit zum Herrn (*īśvaraḥ*), der reines Zeugen[bewußtsein] ist, ergibt sich notwendig [deren] Gegebensein und Aufhören. Der derartige Herr (*īśvaraḥ*), der Nārāyaṇa genannt wird, der die Erde, [d. h.] die 'Erd'-Gottheit zu eigenem Gebrauch beherrscht und lenkt, indem er [ihr] innerlich, [d. h.] in [deren] Inneren befindlich ist, der ist Dein Ātmā, der Ātmā von Dir und mir und von allen Wesen. Dies ist im Sinne einer äußerlichen Charakterisierung [zu verstehen]. Der 'Innere Lenker', nach dem du fragst, ist unsterblich [und] frei von allen Beschaffenheiten des Wesenskreislaufes. So ist dies."[22]

An diesem Text fällt vor allem ein doppelter Gedanke auf: Einerseits ergänzt er Śaṅkaras Kommentar zu BrSū 1, 2, 18, indem er den 'Inneren Lenker' (*antaryāmin*) eindeutig theistisch versteht. Meines Wissens ist dieser Text der älteste erhaltene, der den 'Inneren Lenker' als Gott Nārāyaṇa belegt[23] und bezeugt, daß es bereits zur Zeit Śaṅkaras im Vedānta eine viṣṇuitische Tradition gegeben hat, die den 'Inneren Lenker' Yajñavalkyas mit dem Gott Viṣṇu-Nārāyaṇa identifiziert hat, bzw. umgekehrt den Gott Viṣṇu-Nārāyaṇa als den 'Inneren Lenker' in allen Wesen betrachtet hat.[24] Denn dieses theistische Theologem stammt ganz sicher nicht von Śaṅkara selbst, sondern wurde vermutlich von diesem in der Vedānta-Tradi-

---

[22] BĀUBh p. 263, 5-13: *yaḥ pṛthivyāṃ tiṣṭhan bhavati so 'ntaryāmī / sarvaḥ pṛthivyāṃ tiṣṭhatīti sarvatra prasaṅgo mā bhūd iti viśinaṣṭi – pṛthivyā antaro 'bhyantaraḥ / tatraitat syāt pṛthivīdevataivāntaryāmīty ata āha – yam antaryāmiṇaṃ pṛthivī devatā 'pi na veda mayy anyaḥ kaścid vartata iti / yasya pṛthivī śarīraṃ yasya ca pṛthivy eva śarīraṃ nānyat, pṛthivīdevatāyā yac charīraṃ tad eva śarīraṃ yasya / śarīragrahaṇaṃ copalakṣaṇārthaṃ karaṇaṃ ca pṛthivyās tasya / svakarmaprayuktaṃ hi kāryaṃ karaṇaṃ ca pṛthivīdevatāyāḥ / tad asya svakarmābhāvād antaryāmiṇo nityamuktatvāt / parārthakartavyatāsvabhāvatvāt parasya yat kāryaṃ karaṇaṃ ca tad evāsya na svatas. tadāha – yasya pṛthivī śarīram iti / devatākāryakaraṇasyeśvarasākṣimātrasāṃnidhyena hi niyamena pravṛttinivṛttī syātām // ya īdṛg īśvaro nārāyaṇākhyaḥ pṛthivīṃ pṛthivīdevatāṃ yamayati niyamayati svavyāpāre 'ntaro 'bhyantaras tiṣṭhan eṣa ta ātmā te tava mama ca sarvabhūtānāṃ cety upalakṣaṇārtham etad antaryāmī yas tvayā pṛṣṭho 'mṛtaḥ sarvasaṃsāradharmavarjita ity etat //*

[23] Der Text ist übrigens ein deutlicher Beleg dafür, daß Śaṅkara, wie HACKER gezeigt hat, aus viṣṇuitischer Tradition kommen dürfte. Vgl. dazu P. HACKER, Relations of Early Advaitins to Vaiṣṇavism. WZKSO 9 (1965), pp. 147-154.

[24] Vgl. das unten pp. 26 ff. zur Subāla-Upaniṣad Gesagte.

tion, aus der er hervorgegangen war, vorgefunden. Śaṅkara relativiert dieses Theologem, indem er es zu einer äußerlichen Charakterisierung (*upalakṣaṇam*) des mit dem Ātmā identifizierten 'Inneren Lenkers' macht. Für Śaṅkara ist der 'Innere Lenker' letztlich nur der Paramātmā, um noch eine theistische Formel zu erwähnen, der für Śaṅkara jedoch identisch ist mit dem einen Brahma.[25]

Bemerkenswert in diesem Zusammenhang ist ein zweiter Gedanke Śaṅkaras, den er in diesem Text vorträgt, nämlich seine Interpretation der Aussage Yajñavalkyas, daß die Erde usw. der Körper des 'Inneren Lenkers' ist. Sie paßt durchaus zur erwähnten Relativierung. Śaṅkara versteht diese Aussage so, daß der in der Sprache religiöser Tradition 'Nārāyaṇa' genannte höchste Ātmā, also das Brahma, in welcher Form immer einen Körper erhält. Die 'Erd'-Gottheit (*pṛthivīdevatā*) ist nicht im eigentlichen Sinne der Körper Nārāyaṇas. Vielmehr befindet sich dieser im Körper der 'Erd'-Gottheit, der durch deren Karma entstanden ist, und bleibt ihr letztlich transzendent. Sie begreift zwar, daß irgendwer ihr innerlich ist, weiß aber nicht, wer oder was dieser ist. Sie kennt ihn nicht.[26] Es handelt sich im Grunde um das gleiche Denkmodell, das Śaṅkara im Zusammenhang mit dem Wunderkräfte besitzenden Yogī im Brahmasūtrabhāṣyam verwendet,[27] nämlich um das Eingehen (*anupraveśaḥ*) in den Körper eines anderen Wesens, das letztlich an den tantrischen Begriff der „Besessenheit" (*āveśaḥ*) durch einen Gott denken läßt.[28] Dies bestätigt sich, wenn Śaṅkara in seinem Kom-

---

[25] Dies folgt schon aus der Bemerkung Śaṅkaras: „Ist er doch ewig [aus dem Wesenskreislauf] emanzipiert."

[26] Vgl. *yam antaryāmiṇam pṛthivī devatāpi na veda mayo anyaḥ kaścid vartata iti* (BĀUBh p. 263, 6 f.).

[27] Vgl. *kiṃ vā prāptāṇimādyaiśvaryaḥ kaścid yogī* (BrSūBh p. 79, 11 f. bzw. *yogino vā kasyacit siddhasya sarvānupraveśena yamayitṛtvaṃ syāt* (*ibid.* p. 79, 19 f.).

[28] Es ist bemerkenswert und wohl kein Zufall, daß Śaṅkara die „Erde" (*pṛthivī*) Yajñavalkyas ausschließlich als „Gottheit Erde" (*pṛthivī devatā*) versteht. Er weiß natürlich, daß „Erde" (*pṛthivī*) durchaus auch als Element „Erde" verstanden werden kann, setzt er sich im vorliegenden Zusammenhang der Diskussion des *antaryāmin* doch ausdrücklich mit dem Sāṃkhya auseinander (vgl. seinen Kommentar zu BrSū 1, 2, 19), das ein solches Element als Umwandlung der Urmaterie kennt. Für Śaṅkara ist aber offenbar im Sinne seines „Geistmonismus" ein 'Innerer Lenker" nur im Falle geistiger Wesen denkbar. Denn alles

mentar zu BrSū 1, 2, 20 im Zusammenhang mit seinem Verständnis des 'Inneren Lenkers' die Frage aufwirft, wie es denn in dem einen Körper zwei geistige Wesen geben könne.[29]

Śaṅkara geht auf dieses Problem anläßlich seiner Kommentierung dieses Sūtra, das den *jīva* als *antaryāmin* ausschließt[30] und Śaṅkara so die Möglichkeit bietet, die Vorstellung vom 'Inneren Lenker' im Sinne seines Advaita zu interpretieren, ausführlich ein: „Die Negation aus dem vorhergehenden Sūtra (BrSū 1, 2, 19) gilt weiter. Der Jīva (*śārīraḥ*)[31] wird nicht als 'Innerer Lenker' angenommen. Warum? Wenn auch die Beschaffenheiten wie Sehersein (*draṣṭṛtva*) usw. ihm zukommen, so kann sich dieser dennoch nicht zur Gänze innerhalb der Erde usw. befinden und [diese] lenken, da er wie der Raum im Topf durch zusätzliche Bedingungen (*upādhi*) begrenzt ist. Auch geben beide [vedische] Schulen, sowohl die Kāṇvas wie die Mādhyandinas, diesen Jīva (*śārīraḥ*) selbst, im Unterschied zum 'Inneren Lenker' (*antaryāmin*), sowie die Erde als Ort und als zu Lenkendes an. So sagen [nämlich] die Kāṇvas: 'Er, der im Erkennen befindlich' [bzw.] die Mādhyandinas: 'Er, der im Ātmā befindlich'. Bei der Lesung 'Er, der im Ātmā befindlich' drückt das Wort 'Ātmā' den Jīva aus. Bei der Lesung 'Er, der im Erkennen befindlich' wird der Jīva durch das Wort „Erkennen" (*vijñāna*) ausgesagt. Denn der Jīva ist erkenntnishaft (*jñānamaya*). Daher ist es erwiesen, daß der 'Innere Lenker' Gott (*īśvara*) ist, der vom Jīva unterschieden ist.

Wie ist es aber möglich, daß in einem einzigen Körper zwei Seher sind, nämlich jener, welcher Gott (*īśvara*) ist, und jener, welcher der Jīva ist? – Was ist hier die Unmöglichkeit? – Es würde dem Wort der Śruti: 'Es gibt keinen anderen Seher als diesen'

Nichtgeistige ist lediglich „Phänomen" im Bewußtsein und bedarf daher, um möglich zu sein, des Bewußtseins, sodaß die Erde nur im Bewußtsein einer Erd-Gottheit, das letztlich nur das Bewußtsein des höchsten Ātmā selbst ist, als Phänomen Objektivität gewinnen und nur so zum letztlich natürlich nicht wahrhaft wirklichen „Körper" des 'Inneren Lenkers' werden kann.

[29] Vgl. *kathaṃ punar ekasmin dehe dvau draṣṭārāv upadyete*? (BrSūBh p. 81, 14).

[30] [*na*] *śārīraś cobhaye 'pi hi bhedenainam adhīyate* (BrSū 1, 2, 20).

[31] Eigentlich das „verkörperte, im Wesenskreislauf wandernde Selbst".

usw.[32], widersprochen werden. Denn hier wird ein anderer Seher, Hörer, Denkender, Erkennender und Ātmā als der in Rede stehende 'Innere Lenker' negiert. Hat doch diese Aussage [der Śruti] den Zweck, einen anderen Lenker zu verneinen.

[Antwort: Dies ist] nicht [so], weil [bei unserer Interpretation] nicht ein anderer Lenker (*niyantṛ*) die Folge ist und weil [in der Śruti] von keinem Unterschied [zwischen den beiden] gehört wird. Diesbezüglich wird [nämlich] gesagt: die Rede von einem Unterschied zwischen dem Jīva und dem 'Inneren Lenker' ist nicht in einem letzten Sinne [gültig]; sie beruht auf zusätzlichen Bedingungen (*upādhi*), nämlich Körper und Sinnesapparat (*kāryakaraṇa*), die [beide] durch das Nichtwissen zustandekommen. Denn es gibt nur einen einzigen inneren Ātmā; zwei innere Ātmans sind nicht möglich.[33] Der Sprachgebrauch von einem Unterschied für diesen

[32] BĀU 3, 7, 23.

[33] Zu der hier von Śaṅkara vorausgesetzten Argumentation vgl. beispielsweise seine rein philosophischen Überlegungen in der Upadeśasāhasrī: „Wenn es so ist, Ehrwürdiger, [dann] ist das erfahrende Bewußtsein (*avagatiḥ*), das unwandelbar ewig [und] in seinem Wesen Licht seiner selbst ist, selbsterwiesen, weil es hinsichtlich seiner selbst keines Erkenntnismittels bedarf. Das von ihm unterschiedene Andere ist, weil es ungeistig ist [und] nur in Bezogenheit [auf anderes] zur Wirkung kommt, fremdzweck[-bestimmt]. Wodurch [dessen] Fremdzweck[bestimmtheit] zufolge der Form des erfahrenden Bewußtseins von Vorstellungen, die Freude, Leid und Verblendung [bedeuten], gegeben ist, das ist eben das Vorhandensein (*astitva*) des seinem Wesen nach nicht das Selbst Seienden, und zufolge keiner anderen Form. Daher ist [sein] Vorhandensein nicht im eigentlichen Sinne [gegeben]. Wie man nämlich in der Welt, abgesehen von der Bewußtheit in der Erfahrung das nicht [Wirklich-]Sein von Strick, Schlange, Luftspiegelung usw. feststellt, so ist [es] auch, abgesehen von der Bewußtheit in der Erfahrung für die Zweiheit (*dvaita*) im Wachzustand und im Traumschlaf zu Recht [anzunehmen]. Und so ist, Erhabener, wegen der Unmittelbarkeit des erfahrenden Bewußtseins, das Licht seiner selbst ist, [dessen] unveränderliche Ewigkeit und [dessen] Nichtzweiheit [erwiesen], weil es im Falle aller unterschiedlichen Vorstellungen anwesend ist, die unterschiedlichen Vorstellungen aber kommen ohne erfahrendes Bewußtsein nicht vor, wie man ja [auch] sagt, daß die Vorstellungen, die in Form verschiedener Erscheinungen wie zum Beispiel 'blau', 'gelb' usw. im Traumschlaf ohne erfahrendes Bewußtsein nicht gegeben sind, nicht wirklich [existent] sind, ebenso dürften auch im Wachzustand die verschiedenen Vorstellungen wie 'blau', 'gelb' usw., die ohne dieses erfahrende Bewußtsein nicht vorkommen, die Form des Nichtseins haben. Und ein anderes Subjekt als dieses erfahrende Bewußtsein gibt es nicht, kann es doch sein eigenes Wesen nicht selbst annehmen oder aufgeben und gibt

einen ist durch eine zusätzliche Bedingung (*upādhi*) verursacht wie zum Beispiel der Raum des Topfes [und] der große Raum. Und auf Grund dessen ist all dies möglich: Die Aussagen der Śruti hinsichtlich eines Unterschiedes von Erkenner und zu Erkennendem usw., die Erkenntnismittel wie Wahrnehmung usw., die Erfahrung des Saṃsāra, Gebot und Verbot [wie auch] die Lehre [des Vedānta], sind in dieser Weise möglich.[34] Und so zeigt die Śruti: 'Denn wo es

---

es ein anderes nicht." US pp. 214, 24 - 215, 14: *yady evaṃ bhagavan kūṭasthanityāvagatir ātmajyotiḥsvarūpaiva svayaṃsiddhā, ātmani pramāṇanirapekṣatvāt, tato 'nyad acetanaṃ saṃhatyakāritvāt parārtham / yena ca sukhaduḥkhamohapratyayāvagatirūpeṇa pārārthyaṃ tenaiva svarūpeṇānātmano 'stitvaṃ nānyena rūpāntareṇa, ato nāstitvam eva paramārthataḥ / yathā hi loke rajjusarpamarīcyudakādīnāṃ tadavagativyatirekeṇābhāvo dṛṣṭaḥ, evaṃ jāgratsvapnadvaitabhāvasyāpi tadavagativyatirekeṇābhāvo yuktaḥ / evam eva, bhagavan, avagater ātmajyotiṣo nairantaryabhāvāt kūṭasthanityatā, advaitabhāvaś ca sarvapratyayabhedeṣv avyabhicārāt / pratyayabhedās tv avagatiṃ vyabhicaranti / yathā svapne nīlapītādyākārabhedarūpāḥ pratyayās tadavagatiṃ vyabhicarantaḥ paramārthato na santīty ucyante, evam jāgraty api nīlapītādipratyayabhedās tām evāvagatiṃ vyabhicaranto 'satyarūpā bhavitum arhanti / tasyāś cāvagater anyo 'vagantā nāstīti na svena svarūpeṇa svayam upādātuṃ hātuṃ vā śakyate, anyasya cābhāvāt //*

[34] Vgl. Śaṅkaras Einleitung zu seinem BrSūBh: „Unter Voraussetzung dieser 'Nichtwissen' genannten gegenseitigen Übertragung des Nichtātmā auf den Ātmā geht aller Denk- und Sprachgebrauch von Erkenntnismittel und Erkenntnisobjekt, sowohl der alltägliche wie auch der vedische vor sich, und alle Lehrsysteme, die sich auf Vorschrift und Verbot, [aber auch] auf die Emanzipation beziehen. In welcher Weise haben die Erkenntnismittel wie Wahrnehmung usw., aber auch die Lehrsysteme Gegenstände wie [sie] das Nichtwissen [hat]? Antwort: Weil, wenn das Erkenntnissubjektsein (*pramātṛtva*) für einen, der hinsichtlich Körper und Sinnesorganen usw. nicht im Wahn von 'Ich' und 'mein' befangen ist, nicht gegeben ist, das Funktionieren der Erkenntnismittel unmöglich ist. Denn ohne Sinnesorgane angeeignet zu haben, ist der Gebrauch der Wahrnehmung usw. unmöglich; und ohne [zentrales] lenkendes Organ ist der Gebrauch der Sinnesorgane unmöglich, auch kann niemand tätig werden, ohne daß auf seinem Körper das Sein des Ātmā übertragen würde; und wenn dies alles nicht gegeben ist, ist das Erkenntnissubjektsein des Ātmā nicht möglich und ohne Erkenntnissubjektsein ist ein Funktionieren der Erkenntnismittel nicht gegeben. Daher haben die Erkenntnismittel wie Wahrnehmung usw., aber auch die Lehrsysteme Objekte wie [sie] das Nichtwissen [hat]." BrSūBh pp. 2, 14 - 3, 4: *... tam etam avidyākhyam ātmānātmanor itaretarādhyāsaṃ puraskṛtya sarve pramāṇaprameyavyavahārā laukikā vaidikāś ca pravṛttāḥ, sarvāṇi ca śāstrāṇi vidhipratiṣedhamokṣaparāṇi / kathaṃ punar avidyāvad viṣayāṇi pratyakṣādīni pramāṇāni śāstrāṇi ceti? ucyate – dehendriyādiṣv ahaṃ mamābhimā-*

gleichsam eine Zweiheit gibt, sieht einer den anderen',[35] daß jeder Denk- und Sprachgebrauch auf den Bereich des Nichtwissens [beschränkt ist, und durch die Śruti:] 'wo aber für diesen alles zum Selbst geworden ist, wodurch sollte er wen sehen?', daß für den Bereich des Wissens jeder Denk- und Sprachgebrauch verneint ist."[36]

Śaṅkara schließt sich hier dem Gedankengang der Vedāntasūtren an, indem er anders als beispielsweise Bhāskara[37] die Möglichkeit, daß der Jīva, der verkörperte Ātmā (*śarīraḥ*), der 'Innere Lenker' wäre, nicht im Zusammenhang mit der Erörterung der Frage, wer der 'Innere Lenker' sei, behandelt, sondern erst hier in seinem Kommentar zu BrSū 1, 2, 20, das den Jīva als 'Inneren Lenker'

---

narahitasya pramātṛtvān upapattau pramāṇapravṛttyanupapatteḥ / na hīndriyāṇy anupādāya pratyakṣādivyavahāraḥ saṃbhavati / na cādhiṣṭhānam antareṇendriyāṇāṃ vyavahāraḥ saṃbhavati / na cānadhyastātmabhāvena dehena kaścid vyāpriyate / na caitasmin sarvasminn asati asaṅgasyātmanaḥ pramātṛtvam upapadyate / na ca pramātṛtvam antareṇa pramāṇapravṛttir asti / tasmād avidyāvad viṣayāṇy eva pratyakṣādīni pramāṇāni śāstrāṇi ca /

[35] BĀU 2, 4, 14; 4, 5, 15.

[36] BrSūbh p. 81, 5-26: *neti pūrvasūtrād anuvartate / śārīraś ca nāntaryāmīṣyate / kasmāt? yady api draṣṭṛtvādayo dharmās tasya saṃbhavanti, tathāpi ghaṭākāśavad upādhiparicchinnatvān na kārtsnyena pṛthivyādiṣv antar avasthātuṃ niyantuṃ ca śaknoti / api cobhaye 'pi hi śākhinaḥ kāṇvā mādhyandināś cāntaryāmiṇo bhedenainaṃ śārīraṃ pṛthivyādivad adhiṣṭhānatvena niyamyatvena cādhīyate – „yo vijñāne tiṣṭhan" iti kāṇvāḥ / „ya ātmani tiṣṭhan" iti mādhyandināḥ / „ya ātmani tiṣṭhan" ity asmiṃs tāvatpāṭhe bhavaty ātmaśabdaḥ śārīrasya vācakaḥ / „yo vijñāne tiṣṭhan" ity asmin api pāṭhe vijñānaśabdena śārīra ucyate / vijñānamayo hi śārīraḥ / tasmāc chārīrād anya īśvaro 'ntaryāmīti siddham / kathaṃ punar ekasmin dehe dvau draṣṭārāv upapadyete, yaś cāyam īśvaro 'ntaryāmī, yaś cāyam itaraḥ śārīraḥ / kā punar ihānupapattiḥ? „nānyo 'to 'sti draṣṭā" ityādi śrutivacanaṃ virudhyeta / atra hi prakṛtād antaryāmiṇo 'nyaṃ draṣṭāraṃ, śrotāraṃ, mantāraṃ, vijñātāraṃ cātmānaṃ pratiṣedhati / niyantrantarapratiṣedhārtham etad vacanam iti cen – na; niyantrantarāprasaṅgād aviśeṣaśravanāc ca / atrocyate – avidyāpratyupasthāpitakāryakaraṇopādhinimitto 'yaṃ śārīrāntaryāmiṇor bhedavyapadeśo na pāramārthikaḥ / eko hi pratyagātmā bhavati, na dvau pratyagātmānau saṃbhavataḥ / ekasyaiva tu bhedavyavahāra upādhikṛtaḥ, yathā ghaṭākāśo mahākāśa iti / tataś ca jñātṛjñeyādibhedaśrutayaḥ pratyakṣādīni ca pramāṇāni saṃsārānubhavo vidhipratiṣedhaśāstraṃ ceti sarvam etad upapadyate / tathā ca śrutiḥ – „yatra hi dvaitam iva bhavati tad itara itaraṃ paśyati" ity avidyāviṣaye sarvaṃ vyavahāraṃ darśayati / „yatra tv asya sarvam ātmaivābhūt tat kena kaṃ paśyet" iti vidyāviṣaye sarvaṃ vyavahāraṃ vārayati //*

[37] Siehe unten p. 43 ff.

zurückweist, indem es den Unterschied des Jīva vom 'Inneren Lenker' lehrt. Auch hier bezieht sich das Sūtra auf beide Rezensionen des upaniṣadischen Textes und wird Śaṅkaras Interpretation, daß die Kāṇvas mit *vijñāna* und die Mādhyandinas mit *ātmā* beide den verkörperten Ātmā (*śārīraka*) meinen, durchaus der Lehre des Sūtra gerecht, ganz gleich was die Rezensionen der Bṛhadāraṇyaka-Upaniṣad tatsächlich gelehrt haben, und ob die unterschiedlichen Lesungen nicht doch einen Unterschied des Verständnisses bezeugen. Bemerkenswert ist, daß gerade dieses Sūtra Śaṅkara die Gelegenheit bietet, einen Unterschied zwischen dem individuellen Ātmā und dem 'Inneren Lenker' zu leugnen, was vielleicht im Sinne Yajñavalkyas ist, aber wohl kaum im Sinne des Sūtra.

Wenn Śaṅkara in diesem Zusammenhang vom 'Inneren Lenker' als Gott (*īśvara*) spricht, so ist dies insofern wichtig, als Śaṅkara hier trotz seines idealistischen Monismus im religiösen Sprachspiel verbleibt. Sowohl 'Innerer Lenker' (*antaryāmin*) wie auch 'Gott' (*īśvara*) sind Elemente einer religiösen Sprache und nicht eigentlich der philosophischen Begrifflichkeit. Er bezeugt damit letztlich, welche religiöse Bedeutung für ihn das Brahma hat, wenn er es durch den Begriff des 'Inneren Lenkers' im menschlichen Subjekt „verinnerlicht" und kommentarlos von diesem „verinnerlichten" Brahma sagt, daß es in der religiösen Tradition, vermutlich seine eigene, 'Nārāyaṇa' genannt wird.

Zu Śaṅkaras Darlegung seiner Lehre vom 'Inneren Lenker' als Ganzer ist zu sagen, daß er diese als Antwort auf einen Einwand vorbringt. Man kann daher mit einiger Wahrscheinlichkeit annehmen, daß der Śaṅkaras Darlegung provozierende Einwand von einem konkreten Gegner stammt, mit dem sich Śaṅkara auseinandersetzt. Dazu paßt, daß Bhāskara tatsächlich von „gewissen Leuten" (*kecid*) spricht, die diesen Einwand vorgebracht hätten,[38] und man fragt sich, wenn dies tatsächlich der Fall war, ob es sich nicht um den gleichen Gegner gehandelt haben kann wie in Śaṅkaras Kommentar zu BrSū 1, 2, 18. Es ist nicht leicht, die mögliche Position dieses Gegners zu rekonstruieren. Er scheint nicht den Begriff

---

[38] Bhbh p. 45, 8. Insofern Bhāskara den Kommentar des Śaṅkara kennt, und den Beginn der Erklärung von BrSū 1, 2, 18 nahezu wörtlich übernimmt (vgl. unten Anm. 69), kann es sich dabei auch nur um eine Deutung durch Bhāskara handeln.

des 'Inneren Lenkers' als solchen bekämpft zu haben, wohl aber die Deutung dieses Lenkers als höchstes Selbst (*paramātmā*) *neben* dem von diesem unterschiedenen individuellen Selbst (*jīva*) des Menschen. Nur so wird nämlich der Einwand, wie zwei Subjekte, der individuelle Ātmā und das höchste Selbst, in einem einzigen Körper gegeben sein könnten, verständlich. Man möchte annehmen, daß dieser Gegner Yajñavalkyas Evozierung des 'Inneren Lenkers' im Sinne einer konkreten Wesenheit, die letztlich der höchste Ātmā als solcher ist, verstanden hat und die Lenkung durch den 'Inneren Lenker' nach dem Modell des Eingehens in einen fremden Körper interpretiert hat, nicht aber in dem Sinne, daß diese Wesenheit vom eigentlichen Subjekt-Selbst des betreffenden Lebewesens unterschieden wäre. Demnach müßte er Yajñavalkyas Aussage, „dieser ist der Ātmā, der unsterbliche Innere Lenker", anders als Śaṅkara verstanden haben, nämlich so, daß der 'Innere Lenker' nicht schlechthin, sondern nur in einer bestimmten „Funktion" mit dem Ātmā des Menschen identisch wäre; und so müßte er die Aussage Yajñavalkyas in der Weise verstanden haben, als hätte dieser gesagt: „Dieser ist als Dein Ātmā der unsterbliche 'Innere Lenker' [in Dir]." Diese Deutung der Lehre von Śaṅkaras Gegner scheint, wenn sie richtig ist, am Anfang einer langen Wirkungsgeschichte zu stehen, die in den theistischen Traditionen des Viśiṣṭādvaita und des Pāñcarātra ihre letzte Auswirkung zeigte.[39]

Śaṅkaras Position ist demgegenüber eine ganz andere. Im System seines Geistmonismus gibt es im Grunde keinen 'Inneren Lenker' als eigene Wesenheit im Sinne einer realen Konkretheit, sondern nur das zweitlose Bewußtsein des Absoluten, das die unveränderlich ewige Wirklichkeit des menschlichen Daseins ist, und die Rede vom 'Inneren Lenker' scheint lediglich die religiöse „Mythisierung" des Brahma und seiner Gegenwart im Menschen zu sein, die für den religiös-soteriologischen Vollzug die „mythische Gegenwart" des Brahma vermittelt, das als solches nur als Bewußtheit sämtlicher Phänomene im Bewußtsein faßbar ist; indem durch dieses alles zur Bewußtheit phänomenalen Seins gelangt, ist dieses Ursache und Möglichkeitsgrund jeden welthaften Selbstvollzuges.

---

[39] Vgl. unten Subāla-Upaniṣad (p. 29), Pāñcarātra (pp. 89 ff.) und später Viśiṣṭādvaita (pp. 92 f., 99 ff., 104 ff).

Die Lehre der Subāla-Upaniṣad

§ 2. Bei der Untersuchung von Śaṅkaras Kommentar zu BĀU 3, 7, 3[40] wurde schon darauf hingewiesen, daß er wie selbstverständlich erwähnt, der 'Innere Lenker' werde „Nārāyaṇa" genannt. Diese Bemerkung Śaṅkaras enthüllt einen nicht unwichtigen Aspekt der exegetischen Bemühung, Yajñavalkyas Aussagen über den 'Inneren Lenker' zu verstehen und, wie man wohl annehmen muß, weiterzudenken. Sie bezeugen nämlich schon für die Zeit Śaṅkaras, daß viṣṇuitische Denker, möglicher Weise Pāñcarātrins,[41] den Text von BĀU 3, 7, 3 ff. im Sinne ihrer Tradition theistisch gedeutet haben. Es ist nicht auszuschließen, daß Śaṅkaras Gegner in BrSū 1, 2, 18 und 20 gerade aus dieser Tradition stammt. Diese theistische Deutung des „Inneren Lenkers" setzt sich auch in der Vedānta-Tradition durchaus eigenständig fort und wird deutlich in Subāla-Upaniṣad 7 greifbar, die offenbar in Kenntnis von BĀU 3, 7, 3 ff. eine theistische Lehre vom 'Inneren Lenker' explizit, wenn auch ohne Erwähnung des Terminus *antaryāmin*, darstellt. Da Śaṅkara diese Upaniṣad nicht zu kennen, oder jedenfalls nicht als Autorität zu betrachten scheint, diese jedoch spätestens seit Rāmānuja als Śruti zitiert wird, ist es nicht zu hypothetisch, das Entstehen dieser Upaniṣad frühestens in die Zeit Śaṅkaras anzusetzen und anzunehmen, daß sie genau in jenen theistischen Kreisen entstanden ist, die bei Śaṅkara faßbar werden.

Es ist hier nicht der Ort, die Subāla-Upaniṣad als solche zu untersuchen; dies könnte bei der doch sehr hybriden Textgestalt dieser Upaniṣad nur im Kontext der späteren Upaniṣadenliteratur überhaupt geschehen. Vielmehr ist die Subāla-Upaniṣad hier nur als Dokument der Entwicklung des Begriffes eines 'Inneren Lenkers' wichtig, und es soll daher unmittelbar nur die diese betreffende Textpartie, konkret der 7. Khaṇḍa, besprochen werden. Der Text,

---

[40] Siehe p. 18 f.

[41] Diese Vermutung stützt sich allerdings nur auf die Tatsache, daß im Nārāyaṇīyam eben der höchste Gott Nārāyaṇa heißt, und schon die frühen Pāñcarātrins im Zusammenhang mit der Weltentstehung an Konkretisierungen des höchsten Gottes (*vyūha, aṃśa*) geglaubt haben.

der fast wie eine Art Fremdkörper anmutet,[42] greift offensichtlich Yajñavalkyas Lehre vom 'Inneren Lenker' aus BĀU 3, 7, 3 ff. auf und wendet diese auf den Gott Nārāyaṇa an:

„Im Körper drinnen, verborgen in der Höhle [des Herzens], ist der eine, unentstandene, ewige [Gott], dessen Körper die Erde ist, der im Innern der Erde ist, den die Erde nicht kennt; dessen Körper die Wasser sind, der im Innern der Wasser ist, den die Wasser nicht kennen; dessen Körper das Feuer ist, der im Innern des Feuers ist, den das Feuer nicht kennt; dessen Körper der Wind ist, der im Innern des Windes ist, den der Wind nicht kennt; dessen Körper der Äther (*ākāśa*) ist, der im Innern des Äthers ist, den der Äther nicht kennt; dessen Körper das Denken (*manas*) ist, der im Innern des Denkens ist, den das Denken nicht kennt; dessen Körper das Erkennen (*buddhi*) ist, der im Innern des Erkennens ist, den das Erkennen nicht kennt; dessen Körper der Ahaṃkāra ist, der im Innern des Ahaṃkāra ist, den der Ahaṃkāra nicht kennt; dessen Körper das geistige Organ (*citta*)[43] ist, der im Innern des geistigen Organs ist, den das geistige Organ nicht kennt; dessen Körper das Unentfaltete (*avyakta*) ist, der im Unentfalteten ist, den das Unentfaltete nicht kennt; dessen Körper das Unvergängliche (*akṣara*) ist, der im Unvergänglichen ist, den das Unvergängliche nicht kennt; dessen Körper der Tod ist, der dem Tod innerlich ist, den der Tod nicht kennt; das ist dieser Ātmā, der allen Wesen innerlich ist, der ohne Böses ist, [nämlich] der himmlische Gott, der eine, Nārāyaṇa."[44]

---

[42] Jedenfalls fügt er sich nicht recht zum vorhergehenden und zum folgenden Abschnitt und macht den Eindruck, eine kurze selbständige Darlegung der Lehre vom *antaryāmin* zu sein, die jedoch so wie beispielsweise der vorhergehende Abschnitt in eine Nārāyaṇa-Theologie eingebunden wird.

[43] Was mit *citta* hier gemeint ist, ist nicht deutlich. Aus dem Zusammenhang läßt sich lediglich sagen, daß es offenbar ein Produkt des „Unentfalteten" (*avyakta*) sein dürfte, das in der menschlichen Person über dem „Erkennen" (*buddhi*) steht, wobei ungeklärt bleibt, ob es sich um ein Prinzip des individuellen Menschen handelt, oder es der Individualität vorgelagert ist.

[44] SubU pp. 245, 29 - 246, 9: *antaḥśarīre nihito guhāyām aja eko nityo yasya pṛthivī śarīraṃ yaḥ pṛthivīm antare saṃcaran yaṃ pṛthivī na veda // yasyāpaḥ śarīraṃ yo 'po 'ntare saṃcaran yam āpo na viduḥ // yasya tejaḥ śarīraṃ yas tejo 'ntare saṃcaran yaṃ tejo na veda // yasya vāyuḥ śarīraṃ yo vāyum antare saṃcaran yaṃ vāyur na veda // yasyākāśaḥ śarīraṃ ya ākāśam antare*

Betrachtet man diesen Text als Ganzen, so fällt auf, daß er im Grunde einen für sich allein stehenden Abschnitt darstellt, der keine inhaltlichen Bezüge zu den anderen Abschnitten der Upaniṣad zu haben scheint, außer, daß auch er, wie der vorhergehende den Glauben an Nārāyaṇa als ausschließlichen Bezugspunkt hat. In diesem Sinne fällt weiter auf, daß dieser 7. Khaṇḍa am Ende eine eigene Überlieferungsgeschichte besitzt: „Dieses Wissen gab er[45] dem Apāntaratama. Apāntaratama gab es dem Brahmā. Brahmā gab es Ghorāṅgirasas, Ghorāṅgirasas gab es dem Raikva. Raikva gab es dem Rāma, Rāma gab es allen Wesen. Derart ist die Lehre vom Erlöschen (*nirvāṇa*), [nämlich] die Lehre des Veda.“[46]

Bei aller Relativierung, die eine solche „Überlieferungsgeschichte“ bei einem derart beschränkten Text verdient, muß man doch festhalten, daß der Text eine solche überhaupt besitzt, und daß merkwürdiger Weise diese Überlieferungsgeschichte des 7. Khaṇḍa durch die stereotype Formel *evaṃ nirvāṇānuśāsanam iti vedānuśāsanam iti vedānuśāsanam*[47] als zum Text des Kapitels gehörig ausgewiesen ist, der Text des 7. Khaṇḍa sich also nicht selbst als ein Kapitel der Subāla-Upaniṣad zu verstehen scheint. Das mindeste, was man daraus schließen darf, ist wohl, daß der Inhalt des Textes

saṃcaran yam ākāśo na veda // yasya manaḥ śarīraṃ yo mano 'ntare saṃcaran yaṃ mano na veda // yasya buddhiḥ śarīraṃ yo buddhim antare saṃcaran yaṃ buddhir na veda // yasyāhaṃkāraḥ śarīraṃ yo 'haṃkāram antare saṃcaran yam ahaṃkāro na veda // yasya cittaṃ śarīraṃ yaś cittam antare saṃcaran yaṃ cittaṃ na veda // yasyāvyaktaṃ śarīraṃ yo 'vyaktam antare saṃcaran yam avyaktaṃ na veda // yasyākṣaraṃ śarīraṃ yo 'kṣaram antare saṃcaran yam akṣaraṃ na veda // yasya mṛtyuḥ śarīraṃ yo mṛtyum antare saṃcaran yaṃ mṛtyur na veda // sa eṣa sarvabhūtāntarātmāpahatapāpmā divyo deva eko nārāyaṇaḥ //

45 Das kann nach dem Zusammenhang wohl nur der Gott Nārāyaṇa sein.

46 SubU p. 246, 9-12: *etāṃ vidyām apāntaratamāya dadāv apāntaratamo brahmaṇe dadau brahmā ghorāṅgirase dadau ghorāṅgirā raikvāya dadau raikvo rāmāya dadau rāmaḥ sarvebhyo bhūtebhyo dadāv ity evaṃ nirvāṇānuśāsanam iti vedānuśāsanam iti vedānuśāsanam //* Bemerkenswert ist, daß im 9. Khaṇḍa und später plötzlich Raikva tatsächlich als Fragender auftritt, wobei man sich fragt, wie dies im Hinblick auf die Überlieferungsgeschichte des 7. Khaṇḍa, wo dieser im Vorgang der Überlieferung eingebunden ist, anzulegen ist.

47 Vgl. dazu J. F. SPROCKHOFF, Saṃnyāsa. Quellenstudien zur Askese im Hinduismus. I Untersuchungen über die Saṃnyāsa-Upaniṣads. (Abhandlungen für die Kunde des Morgenlandes 42, 1). Wiesbaden 1976, p. 28.

des 7. Khaṇḍa vor seiner Verarbeitung in der Subāla-Upaniṣad als eine selbständig überlieferte Lehre mit eigener Tradition verstanden wurde, die allerdings nur in dieser Form überliefert ist. Daraus müßte man wohl folgern, daß die Lehre vom Antaryāmī, wie sie in der Subāla-Upaniṣad überliefert ist, älter als die überlieferte Form dieser Upaniṣad ist, und offenbar aus viṣṇuitischer Tradition stammt, wie, abgesehen von der zentralen Stellung Nārāyaṇas, die Einfügung Rāmas in die Überlieferungsgeschichte des Textes bezeugt.

Zu erwähnen ist, daß die Subāla-Upaniṣad an anderer Stelle den Terminus *antaryāmin* sehr wohl kennt und offenbar theistisch interpretiert, wenn sie am Ende des 5. Khaṇḍa zusammenfaßt: „Er, . . . der sich in diesem allem befindet, der ist dieser Ātmā. Diesen Ātmā soll man verehren, den nicht alternden, den unsterblichen, ihn, der ohne Furcht ist und ohne Leid, den unendlichen. Er ist allwissend, er ist der Herr von allem, er ist der Oberherr über alles, er ist der 'Innere Lenker' (*antaryāmin*), er ist der Urgrund von allem . . ."[48] Es ist dies die einzige Stelle, an der der Terminus *antaryāmin* begegnet, und so die Anspielung auf die Lehre Yajñavalkyas vom 'Inneren Lenker' deutlich ist.[49] Allerdings hat dieser Begriff an dieser Stelle keine besondere Funktion im Text, zeigt aber, daß die Vorstellung vom 'Inneren Lenker' in der Tradition dieser Upaniṣad sehr wohl lebendig war.

Es ist merkwürdig, daß der Text des 7. Kapitels zwar Yajñavalkyas Umschreibung des 'Inneren Lenkers' weitgehend übernimmt, jedoch den Terminus *antaryāmin* selbst nicht verwendet und ebenso auch die Bestimmung *yaḥ . . . antaro yamayati . . ., sa . . . antaryāmy amṛtaḥ* wegläßt, sodaß man annehmen möchte, daß dies absichtlich geschehen ist. Warum? Die Vermutung liegt nahe, auch wenn es sonst keinen textlichen Anhaltspunkt für sie gibt, daß sich hier eine gewisse Konkretisierung der Lehre vom 'Inneren Lenker' abzeichnet und man jeden Anlaß, an einen eigenen 'Inneren Lenker' neben Nārāyaṇa zu denken, ausschließen und auch Yajñaval-

---

[48] SubU pp. 244, 28 - 245, 1: *ya etasmin sarvasminn antare saṃcarati so 'yam ātmā tam ātmānam upāsītājaram amṛtam abhayam aśokam anantam // eṣa sarvajña eṣa sarveśvara eṣa sarvādhipatir eṣo 'ntaryāmy eṣa yoniḥ sarvasya . . .*

[49] Vgl. *etasminn sarvasminn antare saṃcarati, so 'yam ātmā.* Mit diesem „Ātmā" ist offenbar nicht mehr wie bei Yajñavalkya der konkrete Ātmā des jeweiligen Menschen gemeint.

kyas Gleichsetzung dieses 'Inneren Lenkers' mit dem Ātmā des Menschen vermeiden wollte.

In der Sicht des 6. und 7. Khaṇḍa scheint letztlich Nārāyaṇa selbst das tragende und lenkende Selbst (*ātmā, antaryāmin*) im Menschen zu sein. Anders läßt sich wohl kaum die Lehre vom Ursprung der Welt und der Wesen im 6. Khaṇḍa und die Lehre von Nārāyaṇa als göttliches Wesen im Menschen, wie sie im 7. Khaṇḍa dargelegt ist, verstehen; zumal die Vorstellung eines Ātmā in diesem Kontext überhaupt nicht vorkommt. Gleichzeitig erreichte man durch das Auslassen jeder Andeutung des Begriffes *antaryāmin*, daß gerade die beibehaltene Bestimmung, daß alle Wesenheiten „Körper" Nārāyaṇas sind, in besonderer Weise thematisiert wurde.

Die Lehre der Subāla-Upaniṣad von Nārāyaṇa als dem 'Inneren Lenker' scheint nicht neu zu sein. Wenn Śaṅkaras Erklärung zu Māṇḍūkya-Upaniṣad 6 richtig ist, dann scheint sie in ähnlicher Weise auch schon dort zu begegnen, und bezeugt daher eine theistische Tradition der Exegese von Yajñavalkyas *antaryāmin*-Begriff bereits für die Zeit der späteren vedischen Upaniṣaden.

MāṇḍU 6 lautet: „Er ist der Herr von allem, er ist der Allwissende, er ist der 'Innere Lenker', er ist der Urgrund von allem. Denn er ist Ursprung und Vergehen der Wesen."[50] Śaṅkara kommentiert: „Dieser ist im Zustand seines Eigenwesens der Herr von allem; dieser ist der Beherrscher aller unterschiedlichen Gegebenheiten, einschließlich der himmlischen. Nicht gibt es unter den sozusagen anderen [Wesen] eines, das Ursprung wäre, der von ihm unterschieden ist, da die Śruti [sagt]: 'Denn das Denken, mein Lieber, ist mit dem Prāṇa verbunden.'[51] Denn Er ist der Erkenner von allem, der sich in allen unterschiedlichen [Wesenheiten] befindet. [Daher] ist Er der Allwissende. Er ist der 'Innere Lenker', der eingedrungen, in allen Wesen auch [deren] Lenker ist. Daher eben ist Er, [sofern] die Welt, wie dargelegt, mit [ihren] Unterschieden [durch ihn] hervorgebracht ist, der Urgrund von allem, auf Grund dessen Ent-

[50] *eṣa sarveśvara eṣa sarvajña eṣo 'ntaryāmy eṣa yoniḥ sarvasya prabhavāpyayau hi bhūtānam.* Dieser Text muß dem Verfasser der oben erwähnten Stelle (SubU p. 244, 26 - 245, 1) über den Antaryāmī bekannt gewesen sein. Die Übereinstimmung der beiden Stellen kann wohl nicht zufällig sein.

[51] ChU 6, 8, 2.

stehen und Vergehen [eintreten]. Denn Er ist der Wesen Entstehen und Vergehen."[52]

Die Stelle scheint, wenn man von Śaṅkaras geistmonistisch bedingter Formulierung *anyeṣām iva* absieht, eine ziemlich verläßliche Erklärung der Upaniṣad-Stelle zu bieten. Wenn dies richtig ist, dann lehrt die Upaniṣad, daß Gott selbst (= der mit dem Om-Laut identifizierte Gott Hari = das Brahma, das mit dem Ātmā identifiziert wird, siehe MāṇḍU 1 f.) der 'Innere Lenker' der Wesen ist, die im Entstehen und Vergehen (vgl. die kosmologische Funktion des Antaryāmī in der Spätzeit der Rāmānuja-Schule) von ihm abhängen, auch wenn die Upaniṣad noch nicht sagt, wie dies zu denken ist. Erst die Denker der später entstehenden Vedānta-Traditionen (Śaṅkara, Bhāskara und Rāmānuja) werden dazu Denkmodelle erstellen. Gleichzeitig scheint Śaṅkaras Kommentar den Gedanken nahezulegen, daß dieser Gott, vielleicht der von Śaṅkara in seinem Kommentar zu BĀU 3, 7, 3[53] erwähnte Gott Nārāyaṇa, in die von ihm hervorgebrachten Wesen in Form des 'Inneren Lenkers' eingegangen ist, und diese so, ihnen innerlich, lenkt und leitet.

Wenn in dieser Weise nach der Lehre der Subāla-Upaniṣad alle Wesenheiten „Körper" Nārāyaṇas sind, so bleibt letztlich offen, welche Glaubensvorstellungen in diesem Zusammenhang mit dem Begriff „Körper" verbunden waren. Jedenfalls ist wohl nicht an einen Körper zu denken, wie ihn Śaṅkara im Kommentar zu BrSū 1, 2, 18 der „Gottheit Erde" zuschreibt. In der Zeit des Entstehens der Subāla-Upaniṣad wird man bereits an eine gewisse ontologische Abhängigkeit des als „Körper" Gottes verstandenen Menschen und seine unauflösliche Zugehörigkeit zu Nārāyaṇa denken müssen.

Wenn die Subāla-Upaniṣad, offenbar aus eigenem, auch den Tod (*mṛtyu*) unter die als „Körper" Nārāyaṇas gezählten Wesenheiten nennt, so ist an den „Tod" offenbar auch im Sinne einer mytho-

---

[52] MāṇḍUBh pp. 225, 8 - 226, 6: *eṣa hi svarūpāvasthaḥ sarveśvaraḥ sādhidaivikasya bhedajātasya sarvasyeśitā naitasmāj jātyantarabhūto 'nyeṣām iva / „prāṇabandhanaṃ hi somya mana" iti śruteḥ / ayam eva hi sarvasya sarvabhedāvastho jñātety eṣa sarvajña eṣo 'ntaryāmy antar anupraviśya sarveṣāṃ bhūtānāṃ niyantāpy eṣa eva / ata eva yathoktaṃ sabhedaṃ jagat prasūyata ity eṣa yoniḥ sarvasya / yata evaṃ prabhavaś cāpyayaś ca prabhavāpyayau hi bhūtānām eṣa eva //* – Trotz der theistischen Vorstellung des Antaryāmī ist die Stelle im Sinne von Śaṅkaras Geistmonismus zu verstehen.

[53] Siehe oben pp. 17 ff.

logisch vorgestellten Gottheit zu denken,[54] die ebenfalls als zu Nārāyaṇas „welthafter“ Wirklichkeit gehörig verstanden ist. Andererseits sind die Wesenheiten, die Körper Nārāyaṇas sind, nicht mehr hypostasierte Wesenheiten der spätvedischen Weltsicht, wie in der Bṛhadāraṇyaka-Upaniṣad, sondern die Grundelemente der welthaften Wirklichkeit des Menschen, nämlich die fünf Elemente und die *grosso modo* aus dem Sāṃkhya übernommenen Tattvas *manas, buddhi, ahaṃkāra* und *citta.*[55]

Bemerkenswert ist die Erwähnung der Wesenheit *akṣara.* Da der Terminus *akṣara* in der Subāla-Upaniṣad nicht näher erklärt wird, kann nur auf Grund des Kontextes versucht werden, ihn zu klären: Auffallend ist, daß er an mehreren Stellen der Upaniṣad immer im Kontext derselben Worte begegnet,[56] nämlich nach der Erwähnung des „Unentfalteten“ (*avyakta*) und vor der Erwähnung des „Todes“ (*mṛtyu/tamas*), durch den das ‘Unvergängliche’ (*akṣara*) vom höchsten Gott abgesetzt ist. Man muß daraus wohl schließen, daß *akṣara* ein Evolutionsprodukt bezeichnet, das dem „Unentfalteten“ (*avyakta*) vorausliegt und eine diesem vorausgehende Entfaltungsstufe der Welt bedeutet. Warum jedoch in dieser Entfaltung der Welt der Tod dem „Unvergänglichen“ vorausgeht, muß offen

---

[54] Vgl. SubU p. 242, 9: *so 'gre bhūtānāṃ mṛtyum asṛjat tryakṣaraṃ triśiraskaṃ tripādaṃ khaṇḍaparaśum.* Die mythologischen Epitheta assoziieren wohl Śiva. Vgl. dazu die Vorstellung vom Antaryāmī als ‘Innerer Lenker’ Rudras (= Śiva), Agnis und des Todes bei der Vernichtung der Schöpfung (siehe unten p. 95).

[55] Auffallend ist, daß unter diesen Tattvas sowohl die Erkenntnissinne (*jñānendriya*) wie auch die Tatsinne (*karmendriya*) fehlen, die beispielsweise im 6. Khaṇḍa sehr wohl erwähnt werden.

[56] Siehe SubU p. 242, 26 f.: *mahān avyakte vilīyate, avyaktam akṣare vilīyate, akṣaraṃ tamasi vilīyate, tamaḥ pare deva ekībhavati. parastān na san nāsad na sadasad iti;* SubU p. 246, 7 ff. (siehe oben); SubU p. 249, 9-11: *mahāntaṃ bhittvāvyaktam bhinatty, avyaktaṃ bhittvākṣaraṃ bhinatti, akṣaraṃ bhittvā mṛtyuṃ bhinatti. mṛtyur vai pare deva ekībhavatīti parastān na san nāsan na sadasad iti;* SubU p. 250, 3 ff.: *buddhir annādā buddhir vānnam avyaktam annādam avyaktaṃ vānnam akṣaram annādam akṣaraṃ vānnam, mṛtyur annādo mṛtyur vai pare deva ekībhavatīti parastān na san nāsan na sadasad iti;* SubU p. 250, 12 f.: *paraṃ dahati mahāntaṃ dahaty avyaktaṃ dahaty akṣaraṃ dahati mṛtyuṃ dahati. mṛtyur vai pare deva ekībhavatīti parastān na san nāsan na sadasad iti.*

bleiben.[57] Er ist allerdings im 1. Khaṇḍa das erste der Geschöpfe,[58] wenn auch nicht das erste Produkt in der Evolutionsreihe.

Der 2. Khaṇḍa der Subāla-Upaniṣad glättet diese Schwierigkeit, indem er den Tod (*mṛtyu*) durch die Wesenheit des „Dunkels" (*tamas*) ersetzt und so die mythologische Vorstellung des „Todes" ausschaltet und die Übereinstimmung mit dem 1. Khaṇḍa ermöglicht. In der Darstellung der Weltauflösung (*pralaya*) heißt es dort: „Nachdem er Vaiśvānara geworden ist [und] alle Wesen verbrannt hat, geht die Erde in die Wasser ein, die Wasser gehen in das Feuer ein, das Feuer schwindet im Wind, der Wind schwindet im Äther, der Äther in den Sinnesorganen, die Sinnesorgane in den Reinstoffen, die Reinstoffe schwinden in den Bhūtādi[-Ahaṃkāra], der Bhūtādi[-Ahaṃkāra] in den 'Großen', der 'Große' (*mahān*) schwindet in das 'Unentfaltete' (*avyakta*), das 'Unentfaltete' schwindet in das 'Unvergängliche' (*akṣara*), das 'Unvergängliche' schwindet im 'Dunkel' (*tamas*), das 'Dunkel' gelangt zur Einheit mit dem höchsten Gott; über diesen hinaus gibt es weder ein Seiendes noch ein Nichtseiendes, noch auch [etwas, das] Seiendes [und] Nichtseiendes [ist]."[59] Diese Rückführung der Welt in den Urzustand zeigt eine klar strukturierte Evolutionsreihe von Wesenheiten, die auseinander hervorgehen bzw. sich ineinander rückbilden, und scheint so das

---

[57] Die Variante *tamas* für *mṛtyu* im 2. Khaṇḍa könnte vielleicht ein Anhaltspunkt sein; denn Parāśarabhatta bemerkt, daß die „Kenner der Wesenheiten" (*tattvavidaḥ*) die *māyā* als inneres und äußeres *tamas* bezeichnet haben, sodaß mit *tamas/mṛtyu* ein die mit dem 'Unentfalteten' (*avyakta*) beginnende Schöpfung ermöglichendes Urprinzip, beispielsweise Parāśārabhaṭṭas *māyā*, gemeint sein könnte, dessen Bezug zum Gott Nārāyaṇa jedoch, was die Subāla-Upaniṣad betrifft, offen bleiben muß. Vgl. *badhnāti yad abhidrohād yat prapattyā ca muñcati / jantūṃs tamas tam āśritya hariṃ tat pravivicyate //* in Tattvaratnākara F 72, und : *kiṃ tadāsit? tasmai hovāca: na san nāsan na sadasad iti: tasmāt tamaḥ saṃjāyate ... so* (= *divyaḥ puruṣaḥ*) *'agre bhūtānāṃ mṛtyum asṛjat* . . . SubU p. 242, 5 ff.

[58] Vgl. SubU p. 242, 9: *so* (= *puruṣo divyaḥ*) *'gre bhūtānāṃ mṛtyum asṛjat.*

[59] SubU p. 242, 23-27: . . . *so 'nte vaiśvānaro bhūtvā saṃdagdhvā sarvāṇi bhūtāni pṛthivy āpsu pralīyata āpas tejasi pralīyante tejo vāyau vilīyate vāyur ākāśe vilīyata ākāśam indriyeṣv indriyāṇi tanmātreṣu tanmātrāṇi bhūtādau vilīyante bhūtādir mahati vilīyate mahān avyakte vilīyate 'vyaktam akṣare vilīyate akṣaraṃ tamasi vilīyate tamaḥ pare deva ekībhavati parastān na san nāsan nāsadasad ity. . .*

vorhin Gesagte zu bestätigen, wenn es erlaubt ist „Tod" und „Dunkel" gleichzusetzen. Was allerdings die fraglichen Wesenheiten 'Unentfaltetes' (*avyakta*), 'Unvergängliches' (*akṣara*) und 'Dunkel' (*tamas*) betrifft, gibt der Text keinen Aufschluß.

Erst Sudarśanasūri, mindestens 400 Jahre später, gibt eine kurze Erklärung, die aber diese Stelle der Subāla-Upaniṣad wohl im Lichte des vom Pāñcarātra beeinflußten Viśiṣṭādvaita seiner Zeit zu interpretieren scheint, aber nicht notwendiger Weise den ursprünglichen Sinn des Upaniṣaden-Textes zum Ausdruck bringt:

„*Der 'Bhūtādi[-Ahaṃkāra]' schwindet im 'Großen'*: Hier meint das Wort *bhūtādi* nur den Ahaṃkāra [als solchen], weil das Bestehenbleiben des Vaikārika- und des Taijasa[-Ahaṃkāra] nicht möglich ist. – *Der 'Große' schwindet im 'Unentfalteten'*: Der der ungleichen Verteilung der Guṇas unmittelbar vorausgehende Zustand ist das Gleichgewicht der Guṇas. Durch das Gleichgewicht der Guṇas ist das 'Unentfaltete' (*avyakta*) charakterisiert. – *Das 'Unentfaltete' schwindet im Unvergänglichen*: Der Zustand, in welchem auch das Gleichgewicht der Guṇas nicht [mehr] zum Ausdruck kommt, ist der Keim der Gesamtheit der geistigen [Wesen]. Dieser wird mit dem Wort *akṣara* bezeichnet; aber nicht nur der geistigen [Wesen], weil diese nicht Entstehungsgrund des 'Unentfalteten' sind noch auch Evolutionsprodukt des 'Dunkels'. Daher muß man verstehen, daß [diese] ganze Wesenheitsmasse insgesamt Geistiges und Ungeistiges in sich birgt, weil der ehrwürdige Parāśara sagt, daß das mit Urmaterie Beginnende [und] mit dem Besonderen (die groben Elemente) Endende ein geistiges und ungeistiges Wesen hat. In diesem [Zusammenhang] ist das Wort '*akṣara*' für den Keim des Geistigen metaphorisch verwendet, weil, wenn der Gebrauch [des Wortes] auf andere Weise vorgenommen werden [soll], die Erwägung einer weiteren [Bezeichnungs-]'Kraft' [des Wortes] nicht möglich ist. – *Das Unvergängliche schwindet im Dunkel*: Die überaus feine Urmaterie in jenem Zustand, wo das 'Keim-des-Geistes-Sein', [aber] auch das '[noch] nicht Geist sein' nicht unterschieden werden kann, wird mit dem Wort *tamas* bezeichnet. Diese ist, sofern sie durch das Hindrängen (*aunmukhya*) zum Erlangen der Zustände des 'Unvergänglichen' usw. geprägt ist, 'gesondertes Dunkel' (*vibhaktaṃ tamas*), wenn sie von dem 'Hindrängen' zu diesen frei ist, ist sie 'ungesondertes Dunkel' (*avibhaktaṃ tamas*); [dieses] kann auch als Körper des Paramātmā nicht denkend erfaßt werden. Wie das im Wasser aufgelöste Salz, das im Mondstein enthaltene Wasser, [oder] das im Sonnenstein enthaltene Feuer besteht dieses als mit dem Paramātmā eins zu Wissendes. Das ‘ungesonderte Dunkel’ (*avibhaktaṃ tamas*) ist gleichsam der auf dem Erdboden gesäte Same; das ‘gesonderte Dunkel’ (*vibhaktaṃ tamas*) ist wie der Same, der in den Erdboden eingedrungen ist; das ‘Unvergängliche’ (*akṣara*) ist gleich dem Samen, dessen Teile in Verbindung mit Wasser saftig weich geworden sind; das ‘Unentfaltete’ (*avyakta*) ist gleich dem Samen, der angeschwollen ist [und bereit ist zu keimen]; der ‘Große’ (*mahān*) ist wie der Keim. So ist die Unterscheidung.

Das ‘Dunkel’ wird [mit dem höchsten Gott] eins. Weil das ‘Dunkel-Sein’ (*tamastva*) nicht aufhört wie die Zustände des ‘Großen’ usw. aufhören, ist [im Text der Upaniṣad] nicht ‘schwinden’ (*līyate*) gesagt. Das ‘gesonderte Dunkel’ mit seiner Eignung für [das Hervorbringen einer] Wirkung wird mit dem ‘ungesonderten Dunkel’, das für [das Hervorbringen einer] Wirkung ungeeignet ist, eins. So verhält es sich. Wie der Erd-Teil, der im Zustand des Wassers gegeben ist, mit dem zuvor bestehenden Wasser eins wird, [oder] wie der Wasser-Teil, der im Feuer enthalten ist, mit dem zuvor bestehenden Feuer eins wird, ebenso kommt die Wesenheit des ‘Dunkels’ (*tamastattva*) mit dem Ātmā zur Einheit, dessen Körper das ‘ungesonderte Dunkel’ ist, wird doch gesagt werden, daß [es] Körper des Paramātmā ist.“[60]

---

[60] SubUVi pp. 629, 2 - 630, 18: *bhūtādir mahati līyate ity atrāpi bhūtādiśabdo ’haṅkāramātraparaḥ / vaikārikataijasāhaṃkārayoḥ tadānīm avasthānānupapatteḥ / mahān avyakte līyata iti / guṇatrayavaiṣamyānantarapūrvāvasthā guṇasāmyam / guṇasāmyalakṣaṇam avyaktam / avyaktam akṣare līyate iti / yasyām avasthāyāṃ guṇasāmyam apy asphuṭam, tadavasthaṃ cetanasamaṣṭigarbhaṃ tat akṣaraśabdenocyate; na tu cetanamātram / tasyāvyaktaprakṛtitvatamovikṛtitvāyogāt / ataḥ sarvaṃ tattvajātaṃ cidacidātmakaṃ mantavyam; pradhānādiviśeṣāntaṃ cetanācetanātmakam iti bhagavatparāśaravacanāt / atra tu cidgarbhavastuni akṣaraśabda upacaritaḥ; prayoge ’nyathāsiddhe śaktyantarakalpanāyogāt / akṣaraṃ tamasi līyate iti / cidgarbhatvam acittvam api yatra vivektum aśakyam, tadavastham atisūkṣmaṃ pradhānaṃ tamaśśabdābhilapyam / akṣarādyavasthāprāptyaunmukhyaviśiṣṭaṃ tadeva vibhaktaṃ tamaḥ / tadaunmukhyarahitam avibhaktaṃ tamaḥ paramātmaśarīratayā ’pi cintayitum aśakyam, salilavilīnalavaṇacandrakāntasthasalilasūryakāntasthavahnikalpaṃ sarvajñaparamātmaikavedyam avatiṣṭhate / bhūtalavinihitabījasthānīyam avibhaktaṃ tamaḥ / mṛnnissṛtabījavat vibhaktaṃ tamaḥ / salilasaṃsṛṣṭārdraśithilāvayavabījatulyam akṣaram / ucchū-nabīja samānam avyaktam / aṅkurasthānīyo mahān iti*

Dieser Text erklärt die Aussagen der Upaniṣad logisch konsistent, scheint aber den Gedanken der Subāla-Upaniṣad in einer Weise zu verstehen, die eine Weiterbildung der Lehre nahelegt. Es fällt jedenfalls auf, daß die im Upaniṣaden-Text dargelegte Evolutionsreihe im Lichte der Lehre der Rāmānuja-Schule vom Geistigen und Ungeistigen als Körper des Brahma ausgelegt wird, wenn das feinste „Weltprinzip", das Tamas, sowohl als Keim des Geistigen als auch des Ungeistigen bezeichnet und zum Körper des Paramātmā gemacht wird.[61] Bemerkenswert ist auch, daß die drei Prinzipien (*tattva*) der Subāla-Upaniṣad *avyakta, akṣara* und *tamas* von Sudarśanasūri anders als im Text der Upaniṣad zu drei graduellen Zuständen der Urmaterie (*pradhāna*) gemacht werden, die so letztlich allein zum obersten Urgrund der Schöpfung wird. Für den wachsenden Einfluß des Pāñcarātra auf den zeitgenössischen Viśiṣṭādvaita charakteristisch scheint auch die mit dem (quasi-)monistischen Evolutionsmodel tantrischen Denkens in Einklang gebrachte Lehre Rāmānujas vom geistigen und ungeistigen Seienden als ewige Modi (*prakāra*) des Brahma zu sein, was durch die Worte der Subāla-Upaniṣad *tamaḥ pare deve ekībhāvati* nahegelegt wird. Sudarśanasūri verdeutlicht dies, indem er anhand von Beispielen zur Einheit gelangter Dinge, die dennoch ihre Eigenständigkeit bewahren wie Salz und Wasser usw., zeigt, daß das Tamas als Körper des Paramātmā im Sinne einer Evolution mit diesem zur Einheit kommt und dennoch eine, wenn auch nicht manifeste Eigenständigkeit bewahrt. Es ist daher anzunehmen, daß Sudarśanasūris Kommentar zwar den Grundgedanken des Upaniṣadentextes bewahrt, im einzelnen aber spätere Vorstellungen einarbeitet.

Die Nārāyaṇa-Theologie, in die Yajñavalkyas Lehre vom 'Inneren Lenker' in der Subāla-Upaniṣad rezipiert wurde, wird andeutungsweise in dem 6. Khaṇḍa der Subāla-Upaniṣad faßbar, ohne

---

vivekaḥ / tama . . . ekībhavati / mahadādyavasthāprahāṇavat tamastvaprahāṇābhāvāt līyata ity anuktiḥ / kāryopayogitayā vibhaktaṃ tamaḥ kāryānupayuktāvibhaktatamasi ekībhavatīty arthaḥ / yathā salilāvasthapṛthivyaṃśaḥ prāgavasthitasalilenaikībhavati, yathā 'gnyavastho jalāṃśaḥ prāgavasthitatejasaikībhavati, tadvat tamastattvasya paramātmaśarīrabhāvasya vakṣyamāṇatvād avibhaktatamaśśarīrakaparamātmanaikībhāva iti tattvasthitiḥ /

[61] Vgl. *tamaḥ paramātmaśarīratayāpi cintayitum aśakyam*; bzw. *tamastattvasya paramātmaśarīrabhāvasya* und *avibhaktatamaśśarīrakaparamātmanā.*

daß man deshalb jedoch schon sagen könnte, daß dieser ursprünglich wirklich mit dem 7. Khaṇḍa eine textliche Einheit gebildet hat.[62] Dort heißt es:

„Im Anbeginn gab es nichts hier [in dieser Welt]. Ohne Ursprung und ohne irgendeine Stütze sind diese Geschöpfe hervorgebracht. Der himmlische Gott, der eine, Nārāyaṇa, war das Auge und das [mit dem Auge] zu Sehende; Nārāyaṇa war das Ohr und das [mit dem Ohr] zu Hörende; Nārāyaṇa war der Geruchssinn und das [mit dem Geruchssinn] zu Riechende; Nārāyaṇa war die Zunge und das [mit der Zunge] zu Verkostende; Nārāyaṇa war der Tastsinn und das [mit dem Tastsinn] zu Fühlende; Nārāyaṇa war das Denken[63] und das zu Denkende; Nārāyaṇa war das Erkenntnisorgan (*buddhi*) und das zu Erkennende; Nārāyaṇa war der Ahaṃkāra und das als Ich und Mein Anzueignende; Nārāyaṇa war das geistige Organ (*citta*) und das zur Bewußtheit zu Bringende (*cetayitavyam*); Nārāyaṇa war die Rede und das zu Redende; Nārāyaṇa war die beiden Hände und das zu Ergreifende; Nārāyaṇa war die beiden Füße und das zu Gehende; Nārāyaṇa war das Ausscheidungsorgan und das Auszuscheidende; Nārāyaṇa war das Geschlechtsglied und die Lust, die [durch dieses] zu erfahren ist; Nārāyaṇa war der Schöpfer, der Ordner, der Urheber, der Umwandelnde (*vikartā*); der himmlische Gott, der eine, Nārāyaṇa war die Ādityas, die Rudras, die Maruts, die Vasus, die beiden Aśvins, die Ṛk[-Hymnen], die Opfersprüche, die Melodien, der Mantra, Agni, [und] die Schmalzspende; Nārāyaṇa war Entstehen und Vergehen. Der himmlische Gott, der eine, Nārāyaṇa, war Mutter, Vater und Bruder, Wohnung, Zuflucht, Freund [und] Hingang (*gati*). Nārāyaṇa war die himmlischen Namen der Nāḍis, die als Virājā, Sudarśanā, Jitā, Somyā, Moghā, Kumārā, Amṛtā, Satyā, Madhyamā, Nāsī, Rāśī, Śurā, Surā, Sūryā und Svarā zu kennen sind. Er donnert, singt und regnet. Er ist Vāruṇa, Aryamān, der Mond, [Er ist] Kalā und Kali, [Er ist] Schöpfer, Brahmā, Prajāpati, Maghava, Tage und Halbtage, die Kalās und Kalpas, das Oberhalb und die Richtungen. Alles ist Nārāyaṇa.

---

[62] So sind beispielsweise die drei psychischen Organe *manas, buddhi* und *citta* in beiden Khaṇḍas genannt, wobei die Erwähnung des *citta* charakteristisch ist, doch fehlen die im 7. Khaṇḍa genannten Wesenheiten *avyakta, akṣara* und *mṛtyu.*

[63] *matas* wohl Druckfehler für *manas.*

Der Puruṣa allein ist diese ganze Welt, die vergangene und die zukünftige, und er ist der Herr über die Unsterblichkeit (und auch über das), was durch Speise, noch weiter wächst.[64] Immerdar schauen die freigebigen Patrone diese höchste Fußstapfe des Viṣṇu, die wie das Auge am Himmel weithin reicht. Die laut preisenden Redner, die frühwachen, entflammen jene höchste Fußstapfe des Viṣṇu.[65] Dies ist die Belehrung von der Emanzipation (*nirvāṇa*), die Lehre des Veda, die Lehre des Veda."[66]

Der vorliegende Text verkündet in einer religiös emphatischen Sprache[67] und unter Einbeziehung ṛgvedischer Verse den ausschließlichen Glauben an die Einzigkeit und Größe Nārāyaṇas. Um jedoch die hier zum Ausdruck kommende Theologie inhaltlich zu verstehen, müssen seine Aussagen durch Vorstellungen ergänzt werden, die in anderen Abschnitten der Subāla-Upaniṣad begegnen und, ohne Nārāyaṇa zu nennen, den höchsten Gott (*paro devaḥ*) in

---

[64] ṚV 10, 90, 2 (Übers. GELDNER).

[65] ṚV 1, 22, 20 f. (Übers. GELDNER).

[66] SubU p. 245, 10-27: *naiveha kiṃcanāgra āsīd amūlam anādhāram imāḥ prajāḥ prajāyante / divyo deva eko nārāyaṇaś cakṣuś ca draṣṭavyaṃ ca nārāyaṇaḥ śrotraṃ ca śrotavyaṃ ca nārāyaṇo ghrāṇaṃ ca ghrātavyaṃ ca nārāyaṇo jihvā ca rasayitavyaṃ ca nārāyaṇas tvak ca sparśayitavyaṃ ca nārāyaṇo manaś ca mantavyaṃ ca nārāyaṇo buddhiś ca boddhavyaṃ ca nārāyaṇo 'haṃkāraś cāhaṃkartavyaṃ ca nārāyaṇaś cittaṃ ca cetayitavyaṃ ca nārāyaṇo vāk ca vaktavyaṃ ca nārāyaṇo hastau cādātavyaṃ ca nārāyaṇaḥ pādau ca gantavyaṃ ca nārāyaṇaḥ pāyuś ca visarjayitavyaṃ ca nārāyaṇa upasthaś cānandayitavyaṃ ca nārāyaṇo dhātā vidhātā kartā vikartā divyo deva eko nārāyaṇa ādityā rudrā maruto vasavo 'śvināv ṛco yajūṁṣi sāmāni mantro 'gnir ājyāhutir nārāyaṇa udbhavaḥ saṃbhavo divyo deva eko nārāyaṇo mātā pitā bhrātā nivāsaḥ śaraṇaṃ suhṛdgatir nārāyaṇo virājā sudarśanā jitā somyā moghā kumārāmṛtā satyā madhyamā nāsī rāśi śurā sūrā sūryā svarā vijñeyāni nāḍīnāmāni divyāni garjati gāyati vāti varṣati varuṇo 'ryamā candramāḥ kalā kalir dhātā brahmā prajāpatir maghavā divasāś cārdhadivasāś ca kalāḥ kalpāś cordhvaṃ ca diśaś ca sarvaṃ nārāyaṇaḥ // puruṣa evedaṃ sarvaṃ yadbhūtaṃ yac ca bhavyam / utāmṛtatvasyeśāno yadannenātirohati // tad viṣṇoḥ paramaṃ padaṃ sadā paśyanti sūrayaḥ / divīva cakṣurātatam // tad viprāso vipanyavo jāgṛvāṃsaḥ samindhate / viṣṇor yat paramaṃ padam // tad etan nirvāṇānuśāsanam iti vedānuśāsanam iti vedānuśāsanam //*

[67] Vgl. beispielsweise die Stereotypie der Formeln *divyo deva eko nārāyaṇa*, die Häufung der Identifizierungen *dhātā, vidhātā, kartā, vikartā*; bzw. *nārāyaṇo mātā pitā, bhrātā, nivāsaḥ śaraṇam* usw.

Beziehung zur Welt setzen. Nicht so, als ob die verschiedenen Abschnitte der Upaniṣad tatsächlich eine homogene literarische Komposition darstellen würden, sondern in der Weise, daß die verschiedenen Abschnitte in einer gemeinsamen Tradition überliefert, in verschiedenen Anläufen literarisch formuliert wurden. Wenn dies richtig ist, dann kann man wohl mit einiger Gewißheit sagen, daß der höchste Gott, eben der eine himmlische Gott, Nārāyaṇa, der als solcher vor der Schöpfung weder Seiendes noch Nichtseiendes ist, sich selbst evolutionistisch[68] zu den verschiedenen Gegebenheiten der Welt und der physischen und psychischen Wirklichkeit des Menschen entfaltet, in die er dann selbst als tragendes und lenkendes Selbst eingeht.

Nimmt man die theologischen Aussagen des 6. und 7. Khaṇḍa ernst, muß man jedoch sagen, daß der höchste Gott sich zur Welt entfaltet, ohne wirklich in ihr aufzugehen. Er ist ihr innerlich, ohne daß die Welt und die Gegebenheiten der Welt ihn kennen. Welt und Gegebenheiten sind der „Körper" (*śarīra*) des Gottes, dem dieser innerlich ist, ihn „durchwaltet" (*sañcarati*). Yajñavalkyas 'Innerer Lenker' (*antaryāmin*) ist zum höchsten göttlichen Wesen, zum Ursprung und tragenden Urgrund der Welt geworden, der welthaft zur Erscheinung kommt und dennoch jenseitig bleibt. Dieses „zur Erscheinung Kommen" erinnert an den späteren Begriff der *vibhūti*, an tantrische Vorstellungen des Weltwerdens des höchsten Gottes, ohne daß jedoch in der Subāla-Upaniṣad von „Kräften" (*śakti*) des Gottes und von Mantren die Rede wäre.

---

[68] Vgl. das zur Auflösung Gelangen dieser Gegebenheiten und Wesenheiten, von der im 9. Khaṇḍa die Rede ist; oder die Formel vom „zur Einheit mit dem höchsten Gott" Gelangen (*mṛtyur vai pare deva ekībhavatīti parastān na sad nāsad na sadāsad*, SubU pp. 249, 10 f; 249, 28; 250, 4 f.; 250, 13 f.) oder auch die Aussagen vom Hervorgehen der Wesen aus dem göttlichen Urgrund (*na san nāsan na sadasad iti. tasmāt tamaḥ saṃjāyate, tamaso bhutādir bhūtāder ākāśam ākāśād vāyur* usw., SubU p. 242, 5 ff); sie alle implizieren eine Art Evolution und Reabsorption.

Der Antaryāmī im Bhedābhedavāda Bhāskaras

§ 3. Neben der sich anbahnenden theistischen Lehrentwicklung, die einerseits zu Rāmānujas Lehre vom geistigen und ungeistigen Sein als dem „Körper“ des Brahma, andererseits zur Lehre vom Antaryāmī-Avatāra führt,[69] setzt sich die Auffassung des Antaryāmī der Vedāntatradition auch bei Bhāskara fort, der bei seiner Erörterung von BrSū 1, 2, 18 ff. die Kommentierung dieses Abschnittes weitgehend von Śaṅkara übernimmt, auch wenn sein Bhedābhedavāda dessen Lehre vom ‘Inneren Lenker’ erheblich modifiziert.

„Nachdem [der Abschnitt der Upaniṣad mit den Worten]: ‘wer diese und jene Welt und wer alle Wesen, ihnen innerlich, trägt und lenkt’, begonnen wurde, wird in der Śruti gelehrt: Wer in der Erde befindlich, von der Erde verschieden ist, den die Erde nicht kennt, dessen Körper die Erde ist, der die Erde, ihr innerlich, [in ihrem Wesen] hält und lenkt, der ist Dein Ātmā, der unsterbliche ‘Innere Lenker’ usw. Dort wird bezüglich himmlischer Wesenheiten, der Welten, des Veda, des Opfers, der Wesen und hinsichtlich der eigenen Person (*abhyātmani*) irgendein Lenker (*yamayitā*), der im Inneren befindlich ist, [mit dem Wort] ‘Innerer Lenker’ bezeichnet.[70]

Diesbezüglich besteht der Zweifel, ob [dieser] Lenker ein göttliches Wesen ist (*devatātmā*) oder das individuelle Selbst (*jīva*) oder der Paramātmā. Was ist zunächst das logisch [Naheliegende]? Er dürfte das individuelle Selbst (*jīva*) sein. Denn man [könnte] annehmen, daß dieses im Inneren befindlich, zum Zweck des Genießens [des Karma] das eigene Gebilde aus Körper und Sinnesorganen lenkt, nicht [aber] der Paramātmā, weil dieser weder Körper noch Sinnesorgane besitzt; oder es könnte eine sich als [jeweilige] Lenkerin wähnende Gottheit sein.

Wenn dies angenommen wird, wird gesagt: Der ‘Innere Lenker’ ist der höchste [Ātmā]. Warum? Weil[, wie es im Sūtra heißt,] dessen Beschaffenheiten gelehrt werden. Das Lenker-aller-Wesen-Sein wird als dessen Beschaffenheit angenommen und nicht [als

---

[69] Vgl. unten das pp. 87 ff. zu Veṅkaṭanātha und Nārāyaṇamuni Gesagte.

[70] Bis hierher übernimmt Bhāskara Śaṅkaras Kommentar nahezu wortwörtlich.

die] eines anderen. Sein Lenkersein ist nämlich möglich, sofern Er durch sein Eingehen in sämtlichen Modifikationen gegenwärtig ist wie die Lehm[substanz], und weil er die Macht zu allem hat (*sarvaśaktitvāt*); auch ist in Ihm das Ātmā-Sein und das Unsterblichsein im eigentlichen Sinne [gegeben]. Daher wird auf Grund von Offenbarungswort (*śruti*) und Anzeichen (*liṅga*) festgestellt, daß Gott (*īśvara*) der 'Innere Lenker' ist.

'Offenbarung' (*śruti*) ist [das], wo allein auf Grund des Hörens der Gegenstand erkannt wird und nicht durch [irgend]ein anderes Mittel; das ist Gegenstand der Offenbarung (*śrutyartha*). Śruti ist [nämlich] Hören (*śrāvaṇa*). 'Anzeichen' (*liṅga*) ist [gegeben], wo ein Gegenstand auf Grund der Umstände (*sāmārthyāt*) festgestellt wird. 'Aussage' ist [gegeben], wo Worte in [ihrer] Verbindung den Gegenstand vermitteln, [und zwar ist diese] im eigentlichen Sinne (*mukhyayā*), in einem sekundären Sinne (*gauṇyā*) oder metaphorisch (*lakṣaṇayā*). 'Gegenstand' (*prakaraṇa*) ist das zuvor Angekündigte.[71]

Und [wenn gesagt ist,] 'den die Erde nicht kennt', [so] ist die Annahme einer Gottheit nicht möglich. Denn diese müßte ihren eigenen Ātmā kennen. Und [wenn gesagt ist,] 'dieser ist Dein Ātmā' ist der 'Genetiv des Getrenntseins' (conj. *vyatirekaṣaṣṭhī*) nicht möglich, wenn man den individuellen Ātmā (*jīva*) als 'Inneren Lenker' annimmt. Er ist Lenker, nachdem er in [das Gebilde aus] Körper und Sinnesorgane dessen eingedrungen ist, den er als 'Innerer Lenker' lenkt, weil er allmächtig ist. Daher bedarf er keines anderen [Gebildes aus] Körper und Sinnesorganen."[72]

---

[71] Man fragt sich, ob diese vier Definitionen nicht ein späterer, erklärender Einschub sind. Sie fehlen bei Śaṅkara, dem Bhāskara strukturell bei seiner Kommentierung folgt, und sind ein Fremdkörper im Kontext.

[72] Bhbh pp. 43, 24 - 44, 20: *ya imaṃ ca lokaṃ paraṃ ca lokaṃ sarvāṇi ca bhūtāny antaro yamayatīty upakramya śrūyate / yaḥ pṛthivyāṃ tiṣṭhan pṛthivyā antaro yaṃ pṛthivī na veda yasya pṛthivī śarīraṃ yaḥ pṛthivīm antaro yamayaty eṣa ta ātmāntaryāmy amṛta iti / tatra / adhidaivatam adhilokam adhivedam adhiyajñam adhibhūtam athādhyātmaṃ ca kaścid antaravasthito yamayitā cāntaryāmīti vyapadiśyate / tatra sandehaḥ kiṃ devatātmā yamayitā kaścit kiṃ vā jīvaḥ kiṃ vā paramātmeti / kiṃ tāvad yuktaṃ? jīvaḥ syāt. sa hi kāryakāraṇasaṅghātam ātmīyaṃ bhogārtham antaravasthito yamayatīti śliṣyate / na paramātmā tasyākāryakāraṇatvāt / devatā vābhimāninī niyantrī syād iti prāpta ucyate / antaryāmī para eva. kutas? taddharmavyapadeśāt / sarvabhūtayamayitṛtvaṃ nāma tasya dharmo nānyasyāvakalpate / samastaṃ hi vikārajātam anupraviśya*

Bei seiner Kommentierung von BrSū 1, 2, 18 greift Bhāskara, wie bereits erwähnt, zunächst auf Śaṅkaras Kommentar zu diesem Sūtra zurück. Dennoch ändert er gegenüber seiner Quelle. Von den bei Śaṅkara erwähnten Alternativen, das mit dem Wort *antaryāmin* Gemeinte zu verstehen, hat Bhāskara den Yogī, der Herrscherlichkeit (*aiśvarya*) erlangt hat, und die letzte Alternative, „irgend etwas anderes Unbekanntes" (*arthāntaraṃ kiṃcid*) weggelassen und dafür bereits an dieser Stelle die Alternative des *jīva* eingeführt, der von Śaṅkara erst in Zusammenhang mit dem Kommentar zu BrSū 1, 2, 20 diskutiert wird. Beide Möglichkeiten, sowohl die der verkörperten Einzelseele wie auch die einer Gottheit werden von Bhāskara zunächst aus exegetischen Gründen zurückgewiesen.[73]

Den schon bei Śaṅkara begegnenden Einwand eines Gegners gegen die Identifizierung des 'Inneren Lenkers' (*antaryāmin*) mit dem Paramātmā[74] weist auch Bhāskara zurück, jedoch mit einer unterschiedlichen Begründung, auch wenn der Wortlaut der Begründung der gleiche wie bei Śaṅkara zu sein scheint: „Der *antaryāmin* ist der höchste [Ātmā]. Warum? . . . Das Lenken aller Wesen ist für ihn als Beschaffenheit passend, nicht für einen anderen. Denn das Lenkersein ist [für ihn] möglich, weil er durch sein Eindringen in sämtliche Modifikationen (*vikārajāta*) [als deren] Ursache gegenwärtig ist, wie die Lehm[substanz] usw.,[75] und weil er die Fähigkeit

---

kāraṇatvān mṛdādivat sarvaśaktitvāc ca niyamayitṛtvam upapannam ātmatvam amṛtatvaṃ ca tasmin eva mukhyam / ataḥ śrutiliṅgābhyām īśvaro 'ntaryāmīti niścīyate / śrutir nāma yatra śravaṇād evārtho 'vagamyate na nimittāntarāt sa śrutyarthaḥ / śravaṇaṃ śrutiḥ / yatra sāmarthyād arthaniścayas tal liṅgaṃ / saṃhatyārthābhidhānaṃ padānāṃ yatra tadvākyaṃ mukhyayā vṛttyā gauṇyā lakṣaṇayā vā / prakaraṇaṃ tu vyākhyātaṃ purastāt / yaṃ pṛthivī na vedeti ca devatāparigrahe nopapadyate. sā hi svātmānaṃ vijānīyāt / eṣa ta ātmeti ca vyatirekaṣaṣṭhī jīvaparigrahe nopapadyate / yaṃ niyamayaty antaryāmī tadīyam eva kāryakāraṇam anupraviśya niyamayati sarvaśaktitvād iti nāsya kāryakāraṇam aparam apekṣaṇīyam //

[73] Vgl. *yaṃ pṛthivī na vedeti ca devatāparigrahe nopapadyate. sā hi svātmānaṃ vijanīyāt*; bzw. *eṣa ta ātmeti ca vyatirekaṣaṣṭhī jīvaparigrahaṇe nopapadyate.*

[74] Siehe BrSūbh p. 79, 20.

[75] Hier wird der Unterschied zu Śaṅkara deutlich, wenn Śaṅkara argumentiert: *samastaṃ vikārajātam antaḥ tiṣṭhan yamayati* . . .; Bhāskara demgegenüber formuliert: . . . *samastaṃ hi vikārajātam anupraviśya kāraṇatvān mṛdā-*

zu allem hat . . . Daher wird auf Grund von 'Śruti' und 'Anzeichen' (*liṅga*) festgestellt, daß Gott der 'Innere Lenker' ist."[76] Dieser Gedanke wird durch ein Argument ergänzt, das Bhāskara vorbringt, um zu zeigen, daß der Paramātmā, um „Lenker" sein zu können, keineswegs eines eigenen Körpers und eigener Sinnesorgane bedarf: „Wenn er in jenen Körper und Sinnesapparat, den er lenkt, eingegangen ist, lenkt er auf Grund seiner Allmacht (*sarvaśaktitvāt*); er bedarf [dazu] nicht eines anderen Körpers und Sinnesapparates."[77]

Der hier verwendete Gedanke ist der gleiche, den Śaṅkara in seiner Kommentierung von BĀU 3, 7, 3 verwendet, und den Bhāskara möglicherweise von dort übernommen hat. Tatsächlich muß man wohl die Möglichkeit offenhalten, daß dieser Gedanke aus einer auch schon Śaṅkara vorliegenden theistischen Exegese-Tradition dieser Upaniṣad-Stelle stammt, und Bhāskara ihn direkt aus dieser bezieht. Denn bei Śaṅkara scheint die Exegese dieser Stelle der BĀU wegen seines Geistmonismus nicht eigentlich überzeugend zu sein, der in der Bemerkung *devatā kāryakaraṇasyeśvarasākṣimātrasaṃnidhyena hi niyamena pravṛttinivṛttī syātām*[78] deutlich zum Ausdruck kommt, und die ganze Deutung des Wortes „Körper" durch die Rede von der Nähe des bloßen „Zeugenbewußtseins" (*sākṣimātra*) des Gottes als Grund seines Körperhabens relativiert wird. Vielmehr scheint dieser Gedanke bei Śaṅkara aus einer theistischen Exegese übernommen und in seinem Sinne modifiziert worden zu sein. Bei Bhāskara hingegen mit seinem Bhedābhedavāda scheint diese Exegese ohne entscheidende Modifikation möglich zu sein, insofern es sich bei seiner Lehre nicht um eine irreale Phänomenexistenz der Welt und damit des „Körpers" des Gottes handelt.

Bhāskaras eigene Lehre vom 'Inneren Lenker' wird deutlicher, wenn man seinen Kommentar zu BrSū 1, 2, 20 näher untersucht, der denselben Einwand behandelt und zurückweist wie Śaṅ-

---

divat . . . usw. Hier steht idealistischer Monismus gegenüber dem Bhedābhedavāda mit seiner realen Weltentfaltung.

[76] Bhbh p. 44, 8-11.

[77] Bhbh p. 44, 18 f.

[78] BĀUBh p. 263, 10.

kara, nämlich, daß in einem einzigen Körper nicht zwei „Seher" sein können.[79]

„Mit dem Wort *ca* wird *na* aus dem vorhergehenden Sūtra nachgezogen. Nicht ist das individuelle Selbst (*jīva*) der 'Innere Lenker'. Für dieses ist im Falle der Erde usw. die Fähigkeit zu lenken nicht möglich. Auch wird hier in der Śruti gelehrt, daß nur ein einziger der Lenker in allen Modifikationen ist. Außerdem wird in beiden [Rezensionen], sowohl der Kāṇvas als auch der Mādhyandinas, dieser 'Innere Lenker' mit dem [einen] Unterschied, [nämlich] 'Erkennen' (*vijñāna*) und 'Ātmā' erklärt. 'Er, der im Erkennen befindlich', [sagen] die Kāṇvas, 'er, der im Ātmā befindlich' [sagen] die Mādhyandinas; und mit dem Wort 'Erkennen' wird eben das individuelle Selbst (*jīva*) genannt.

Diesbezüglich sagen nun einige (*kecid*): Wie sind in einem einzigen Körper zwei erkennende Subjekte (*draṣṭārau*) möglich? – Was ist der Widerspruch, dem zufolge man so sagt? – Die Śruti 'kein anderer als dieser ist der Seher', schließt einen anderen als den 'Inneren Lenker', um den es [hier] geht, als Seher (*draṣṭā*) aus.

Darauf wird geantwortet: Wie gerade diese [Śrutistelle] den Unterschied [*bheda*] zeigt, wurde oben (*pūrva*) dargelegt. Siehst Du denn nicht, daß [die Aussage] 'im Ātmā befindlich' einen Unterschied [zum individuellen Selbst (*jīva*)] erkennen läßt? Denn die Aussage dieser Śruti[-Stelle] darf nicht wie ein [freundliches] Grußwort vernachlässigt werden, weil [sie] gleiche Autorität besitzt. Daher sind sowohl Unterschied als auch Nicht-Unterschied anzunehmen; aber nicht kann eine wirkliche Unterscheidung (*viśeṣa*) geltend gemacht werden. Da der Abschnitt das Eigenwesen des Antaryāmī darlegt, kann, um den Zweifel eines anderen Lenkers auszuschließen, gesagt werden, daß es in keiner Weise einen anderen Seher von allem gibt, den die Erde nicht kennt; und daher ist, da keine andere Seele wie eine Gottheit usw. erwähnt wird, dieses Geschwätz nicht richtig."[80]

---

[79] BrSūbh p. 81, 14 ff.

[80] Bhbh p. 45, 3-17: *neti pūrvasūtrāc caśabdenānukṛṣyate / na jīvo 'ntaryāmī tasya pṛthivyādiṣu niyamanasāmarthyaṃ na sambhāvyate atra caikasyaiva sarvavikāreṣu niyantṛtvaṃ śrūyate / api cobhaye kāṇvā mādhyandināś ca vijñānātmanor bhedenainam antaryāmiṇam abhidhīyate / yo vijñāne tiṣṭhann iti kāṇvāḥ / ya ātmani tiṣṭhann iti mādhyandināḥ / vijñānaśabdena ca vijñānapradhāno jīva evocyate / atra kecid āhuḥ / nanu katham ekasmin dehe dvau draṣṭārau*

Zunächst ist der Einwand des Gegners nicht uninteressant. Man fragt sich, aus welcher Position heraus dieser gegen die zusätzliche Annahme eines 'Inneren Lenkers', der mit Gott identisch ist, argumentiert haben kann, was man wohl bei Bhāskara wie auch schon bei Śaṅkara[81] als die beeinspruchte Lehre annehmen muß. Offenbar dürfte der Gegner nicht einen 'Inneren Lenker', sondern ein vom 'Inneren Lenker' unterschiedenes individuelles Selbst (*jīva, śārīra*) im Menschen geleugnet haben. Denn in BrSū 1, 2, 20 hat sich die Evozierung des 'Inneren Lenkers' durch Yajñavalkya[82] im Grunde auf das Innewohnen des 'Inneren Lenkers' im Ātmā des Menschen reduziert.[83] Da der Einwand auch bei Śaṅkara begegnet, kann der Gegner Bhāskaras nicht die Position Śaṅkaras vertreten haben, die ja im Grunde die separate Entität des individuellen Selbstes leugnet und daher auch nicht zwei „Seher" im Menschen annimmt. Der Gegner muß daher gelehrt haben, daß das individuelle Selbst (*jīva*) des Menschen mit dem 'Inneren Lenker', den auch er als „Gott" (*īśvara*) oder eine bestimmte Erscheinungsform Gottes verstanden haben dürfte, identisch ist. Man denkt hier unwillkürlich an den 7. Khaṇḍa der Subāla-Upaniṣad und an ältere Lehren dieser Art, wo ebenfalls von keinem individuellen Ātmā die Rede ist, sondern Nārāyaṇa selbst, in welcher Gestalt immer, im Inneren des Menschen anwest.[84]

Bhāskara beantwortet den Einwand des Gegners im Unterschied zu Śaṅkara nicht durch den Hinweis auf die Identität beider „Seher" und daß daher nicht zwei Subjekte in einem Körper seien. Er bleibt dabei, daß es im Menschen gleichsam zwei Subjekte gibt,

---

sambhavata iti / ko virodho yenaivam ucyata iti / śrutir hi nānyo 'to 'sti draṣṭeti prakṛtād antaryāmiṇo 'nyaṃ vārayatīti / atrocyate / yathaiveyam eva bhedaṃ darśayati tathā pūrvam udāhṛtam / ātmani tiṣṭhann iti bhedaṃ darśayati. kiṃ na paśyasi na hy asyāḥ śruter vacanaṃ subhagāvacanam ivānādaraṇīyam prāmāṇyatulyatvād ato bhedābhedau grahītavyau na ca tātparyakṛto viśeṣo 'ntaryāmisvarūpavijñānaparatvāt prakaraṇasya niyantrantarāśaṅkānivṛttyartham api śakyate varṇayitum / nānyaḥ sarvasya draṣṭāsti sarvathā yaṃ pṛthivī na vedeti devatādikṣetrajñānupanyasya tadapalāpo na yujyate //

[81] Siehe p. 24 f.

[82] Vgl. *yaḥ pṛthivyām* etc.

[83] Vgl. *yo vijñāne tiṣṭhan* bzw. *ya ātmani tiṣṭhan.*

[84] Vgl. das auf p. 29 ff. zur Subāla-Upaniṣad Gesagte.

nämlich den individuellen Ātmā und den 'Inneren Lenker'[85]. Den Einwand des Gegners weist er mit dem Argument zurück, daß diese beiden, wenn auch unterschieden, doch gleichzeitig auch nicht unterschieden seien.[86] Mit anderen Worten, daß beide mit dem Brahma identisch sind, selbst wenn die individuelle Seele auf Grund bedingender Umstände (*upādhi*) von diesem auch unterschieden ist. Daher könne bei Annahme des 'Inneren Lenkers' neben dem individuellen Selbst kein Widerspruch zur Śruti vorliegen.

Daß der 'Innere Lenker' für Bhāskara real ist, auch wenn er von dem einen Brahma unterschieden ist, sagt dieser ausdrücklich in seinem Kommentar zu BrSū 2, 1, 34: „Einige entwickeln eine Vorgangsweise, für die es keine Erkenntnismittel (= Śrutistellen?) gibt und die [dem Verständnis] dieses Abschnittes nicht dienlich ist, [indem sie sagen,] daß das Entstehen des 'Inneren Lenkers' durch die Avidyā bedingt ist, das Entstehen der [Lebewesen] wie die Menschen usw. [aber] durch [deren] Karma. Dies ist unrichtig. Denn die Fähigkeit zu lenken, die dem 'Inneren Lenker' und dem Paramātmā zukommt, ist wahrhaft wirklich. Denn diese wird nicht von irgend jemandem [nur] vorgestellt, sodaß sie von der Avidyā bedingt wäre, wie eine Luftspiegelung, [die] wir [sehen]. Und es wurde schon früher gesagt, daß der Paramātmā allwissend und zu allem mächtig ist."[87] Der hier von Bhāskara zurückgewiesene Gegner scheint gelehrt zu haben, daß der Antaryāmī eine durch das apriorische Nichtwissen bedingte „Phänomenexistenz" des Brahma ist, die nicht durch das *empirische* Nichtwissen der Wesen entstanden ist, während die Lebewesen (*manuṣyādi*) in ihrer „Existenz" zusätzlich durch ihr Karma konditioniert sind; eine advaitische Position, die wohl erst nach Vimuktātman möglich zu sein scheint.

---

[85] Man denkt hier an Vorstellungen wie beispielsweise jene eines Antaryāmyavatāra im späteren Viśiṣṭādvaita (vgl. z. B. p. 92 f.).

[86] *ato bhedābhedau grahītavyau na ca tātparyakṛto, viśeṣo . . . śakyate varṇayitum* (Bhbh p. 45, 13 ff.).

[87] Bhbh p. 107, 7-12: *kecid atrādhikaraṇānupayoginīṃ pramāṇaśūnyāṃ prakriyāṃ racayanti / avidyānibandhano 'ntaryāmisargaḥ karmabandhano manuṣyādisarga iti / tad asad; antaryāmiparamātmanoḥ niyantṛrūpā śaktiḥ pāramārthikī; na hi sā kena cit kalpitā yenāvidyāḥ nibandhanāpy asman mṛgatṛṣṇādivad uktaṃ ca purastāt paramātmā sarvajñaḥ sarvaśaktir iti //*

Bhāskara widerlegt sie, indem er im Sinne seiner eigenen Lehre darauf hinweist, daß dem Antaryāmī und dem höchsten Ātmā ein reales Wirken zukommt, und diese daher keine Phänomenwirklichkeiten seien wie etwa Luftspiegelung etc., denen keine reale Wirksamkeit zukommt. Dies bedeutet, daß das Brahma sich selbst in Form der Welt und des individuellen Selbstes entfaltet,[88] und offenbar in Form des 'Inneren Lenkers' in diese seine Modifikationen real eingeht.[89]

Die Rezeption des Antaryāmī in der Brahma-Lehre Rāmānujas

§ 4. Auch Rāmānuja rezipiert den in den Brahmasūtren überlieferten Begriff eines Antaryāmī in sein System, gibt ihm aber letztlich einen ganz anderen Inhalt als es Bhāskara und die durch ihn repräsentierte Denktradition[90] tut.

Rāmānuja greift die bei Śaṅkara faßbar werdende Tradition der exegetischen Erklärung von BrSū 1, 2, 19-21[91] auf, scheint aber in seiner Darlegung zu BrSū 1, 2, 19 auch Bhāskaras Kommentar zu kennen: „Nun erwägt [der Sūtrakāra] folgendes: '[Der Paramātmā] ist der 'Innere Lenker' (*antaryāmin*) im Falle der himmlischen Wesenheiten, der Welten usw., weil [dort, wo von diesen die Rede ist]

---

[88] Vgl. „Das Brahma besteht dreifach: als Ursache, als Wirkung und als individuelles Selbst." *brahma ca kāraṇātmanā, kāryātmanā jīvātmanā ca tridhāvasthitam* (Bhbh p. 7, 31 f.); „Der Paramātmā hat sich selbst zur Wirkung umgewandelt, nachdem er seine Kräfte entfaltet hatte. Denn seine Kräfte sind unendlich und unausdenkbar. Er entfaltet sie zur Zeit des Entstehens und Bestehens [der Welt] wie die Sonne [ihre] Strahlen; ebenso absorbiert er sie wieder." *svayam ātmānaṃ kāryatvena pariṇamayām āsety arthaḥ, śaktivikṣepaṃ kṛtavān. anantā hi tasya śaktayo 'cintyāś ca. tāsāṃ vikṣepaṃ karoti sṛṣṭisthitikāle yathā sūryo raśmīnāṃ tadvad eva saṃharati* (Bhbh p. 85, 11-14).

[89] Vgl. *samastaṃ vikārajātam anupraviśya.*

[90] Man darf wohl annehmen, daß beispielsweise auch Yādavaprakāśa, der Lehrer Rāmānujas, den 'Inneren Lenker' ähnlich wie Bhāskara im Sinne seines Bhedābhedavāda verstanden hat, auch wenn es wegen fehlender Aussagen offen bleiben muß, ob er den von ihm gelehrten *niyantā* (= *īśvara*) auch als *antaryāmin* verstanden hat oder den von ihm ebenfalls gelehrten *bhoktā*, welcher letztlich die Wirklichkeit der individuellen Seele (*jīva*) ist. Zur Lehre Yādavaprakāśas siehe OBERHAMMER, Materialien III.

[91] In Śaṅkaras und Bhāskaras Zählung BrSū 1, 2, 18-20.

dessen Beschaffenheiten erwähnt sind.'[92] Die Vājasaneyins, sowohl die Kāṇvas wie auch die Mādhyandinas, erwähnen [in ihrer Überlieferung]: 'Wer in der Erde befindlich, von der Erde verschieden ist, den die Erde nicht kennt, dessen Körper die Erde ist, der die Erde, [ihr] innerlich, [in ihrem Wesen] hält und lenkt, der ist Dein Ātmā, der unsterbliche 'Innere Lenker'.'[93] Und nachdem so ein [Wesen] verkündet wurde, das in den himmlischen Wesenheiten (*daivateṣu*) [nämlich] Wasser, Feuer, Luftraum, Wind, Sonne, Windrichtungen, Mond, Sterne, Äther, Dunkelheit und Licht, [aber auch] in allen Wesen, die zu einem selbst gehören, wie Lebensatem, Rede, Auge, Gehör, Denken (*manas*), Tastsinn, Erkennen und Same, befindlich, der jeweiligen [Wesenheit] innerlich ist, von der jeweiligen [Wesenheit] nicht zu kennen ist, Körper der jeweiligen [Wesenheit] ist, die jeweilige [Wesenheit] trägt und lenkt, wird [in der Upaniṣad] gesagt: 'Er ist Dein Ātmā, der unsterbliche 'Innere Lenker' (*antaryāmin*).' Im Mādhyandina-Text gibt es die Varianten: 'Er, der in allen Welten befindlich ist und in allen Veden, der in allen Opfern befindlich ist', und an Stelle der Lesung: 'Er, der im Erkennen befindlich'[94] gibt es die Variante: 'Er, der im Ātmā befindlich' und die Variante: 'Dieser (*saḥ* an Stelle von *eṣaḥ*) ist Dein Ātmā, der unsterbliche 'Innere Lenker'.'

Hier ergibt sich der Zweifel, ob der individuelle Ātmā (*pratyagātmā*) der 'Innere Lenker' ist oder der höchste Ātmā. Was ist richtig? [Es ist] der individuelle Ātmā. Wieso? Weil im restlichen Satz 'Er ist der Seher, der Hörer'[95] geoffenbart ist, daß er abhängig von den Sinnen erkennt; und weil gelehrt ist, daß der Seher der 'Innere Lenker' ist, und weil [mit den Worten]: 'kein anderer als dieser ist der Seher',[96] ein anderer Seher verneint wird.

Wenn dies vertreten wird, wird gesagt: '[Der Paramātmā] ist der 'Innere Lenker' im Falle der himmlischen Wesenheiten, der

---

[92] BrSū 1, 2, 19.

[93] BĀU 3, 7, 7.

[94] BĀU 3, 7, 22.

[95] BĀU 3, 7, 23.

[96] BĀU 3, 7, 23.

Welten usw., weil [dort, wo von diesen die Rede ist,] dessen Beschaffenheiten erwähnt sind'."[97]

Auch Rāmānuja stellt hier wie alle ihm vorausgehenden Kommentatoren seiner Erklärung von BrSū 1, 2, 19 einen, dieses Sūtra motivierenden Pūrvapakṣa voran. Bemerkenswert ist aber, daß er Yajñavalkyas Darlegung des Antaryāmī in BĀU 2, 7, 3 ff. philologisch ausführlicher beschreibt, als es Bhāskara, aber auch als es Śaṅkara tut, und stärker als diese auch jene Abschnitte ausdrücklich einbezieht, die nicht nur die Wirklichkeit der Lebewesen (*adhyātma*) und den individuellen Ātmā betreffen, sondern auch die ungeistigen Wesenheiten der Welt wie Wasser usw. Andererseits reduziert Rāmānuja die gegnerischen Interpretationen im Pūrvapakṣa auf die beiden Alternativen des individuellen und des höchsten Ātmā, wie dies letztlich auch Bhāskara tut. Hatte Śaṅkara, deutlich archaischer als Rāmānuja, noch von vier Alternativen gesprochen, nämlich von einer Gottheit (*devatā*), einem Yogī mit Wunderkräften, dem Paramātmā und irgendetwas anderem Unbekannten, so hatte Bhāskara nur drei Alternativen unter Weglassung der letzten beibehalten, von denen er jedoch im Grunde auch nur jene des individuellen Selbstes und des höchsten Ātmā ernsthaft erwägt, und Rāmānuja hatte auch noch die Gottheit (*devatā*) ausgelassen, und damit bezeugt, daß zu seiner Zeit letztlich nur mehr der individuelle (*pratyagātmā*) oder der Paramātmā als reale Möglichkeiten des Verständnisses des Antaryāmī bestanden hatten. Warum er die theore-

---

[97] ŚruP I (2), pp. 316, 3 - 317, 4: *idānīṃ tad eva samarthayate – antaryāmyadhidaivādhilokādiṣu taddharmavyapadeśāt // kāṇvā mādhyandināś ca vājasaneyinaḥ samāmananti; „yaḥ pṛthivyāṃ tiṣṭhan pṛthivyā antaro yaṃ pṛthivī na veda yasya pṛthivī śarīraṃ yaḥ pṛthivīm antaro yamayati, sa ta ātmāntaryāmy amṛtaḥ" iti / evam ambvagnyantarikṣavāyudyu-ādityadikcandratārakākāśatamastejassu daiveṣu ca, sarveṣu bhūteṣu ca, prāṇavākcakṣuḥśrotramanastvagvijñānaretassu ātmātmīyeṣu ca tiṣṭhantaṃ tattadantarabhūtaṃ tattadavedyaṃ tattaccharīrakaṃ tattat yamayantaṃ kañcin nirdiśya „eṣa ta ātmāntaryāmy amṛtaḥ" ity upadiśyate / mādhyandinapāṭhe tu „yaḥ sarveṣu lokeṣu tiṣṭhan", „yaḥ sarveṣu vedeṣu", „yaḥ sarveṣu yajñeṣu" ity ca paryāyāḥ, „yo vijñāne tiṣṭhan" ity asya paryāyasya sthāne, „ya ātmani tiṣṭhan" iti paryāyaḥ / „sa ta ātmāntaryāmy amṛtaḥ" ity ca viśeṣaḥ / tatra saṃśayyate kim ayam antaryāmī pratyagātmā, uta paramātmā iti / kiṃ yuktam / pratyagātmeti / kutaḥ / vākyaśeṣe „draṣṭā śrotā" iti karaṇāyattajñānatāśruteḥ / evaṃ draṣṭur evāntaryāmitvopadeśāt „nānyo to 'sti 'draṣṭā" iti draṣṭrantaraniṣedhāc ceti // evaṃ prāpte 'bhidhīyate – antaryāmyadhidaivādhilokādiṣu taddharmavyapadeśāt /*

tische Möglichkeit einer Gottheit (*devatā*) als Antaryāmī wegläßt, könnte darüber hinaus auch dadurch motiviert sein, daß er selbst den Paramātmā mit Nārāyaṇa identifiziert und daher gegen den Antaryāmī, verstanden als eine Gottheit, nicht ausdrücklich polemisieren wollte, war Nārāyaṇa für ihn doch der höchste Gott,[98] so wie er es in der Subāla-Upaniṣad war. In diesem Sinne eröffnet er denn auch, rückgreifend auf die Mādhyandina-Rezension, die eigentliche Erklärung von BrSū 1, 2, 19:

„Der in den durch [die Worte] '*adhidaiva*', '*adhiloka*' usw. charakterisierten [Text-]Aussagen geoffenbarte 'Innere Lenker' ist der höchste Ātmā (*paramātmā*), der ohne jeden Fehl ist, [nämlich] Nārāyaṇa. [Wenn es im Sūtra heißt] 'in den himmlischen Wesenheiten' (*adhidaiva*), 'in den Welten' (*adhiloka*) usw., werden beide [Rezensionen] herangezogen, um zu zeigen, daß es in der Mādhyandina-Rezension Aussagen, in denen [auch] die Welten vorkommen, gibt, die eine Ergänzung sind zu den Aussagen, die für den Kāṇva-Text bezeugt sind, in dem [nur] die himmlischen Wesenheiten (*adhidaiva*) usw. vorkommen; und so ergibt sich im Falle der Aussagen beider [Rezensionen], daß der 'Innere Lenker' der Paramātmā ist. – Warum? – Weil [dort] dessen Beschaffenheiten erwähnt sind. Denn es ist Beschaffenheit des höchsten Ātmā, daß er, ein einziger seiend, alle Welten, alle Wesen und alle Götter lenkt.

Denn so ist auch die Frage Uddālakas: 'Nenne diesen Antaryāmī', nachdem er einleitend gesagt hat: 'Er, der diese und jene Welt, alle Wesen, ihnen innerlich, trägt und lenkt', [zu verstehen], wie [ja auch] dessen (= Yajñavalkyas) Antwort beginnt mit: 'Er, der im Inneren der Erde befindlich.' Daher [ergibt sich] dies: das In-jeder-Weise-Lenken, nachdem Er in alle Welten, alle Wesen, in alle himmlische Wesenheiten, in alle Veden und alle Opfer eingegangen ist, wie auch das Ātmā-von-allem-Sein, indem Er alles zum Körper hat, sind für keinen anderen als das höchste Wesen (*puruṣottama*), das allwissend ist, und dessen Wollen sich [unmittelbar] verwirklicht, möglich. Denn so lehren die Aussagen der Upaniṣaden [wie z. B.]: 'Ins Innere der Wesen eingegangen, der Lenker von allem, der Ātmā von allem'[99] und 'Nachdem Er dieses hervorgebracht hatte,

---

[98] Dies bedeutet jedoch nicht, daß Rāmānuja Nārāyaṇa als *devatā* bezeichnet hätte, was dem Sprachgebrauch nach nicht zu erwarten wäre.

[99] TaitĀ 3, 10, 2.

ging Er in dieses ein, nachdem Er in es eingegangen war, wurde Er Seiendes und jenes, das nicht [mehr] ist',[100] daß der Paramātmā der Herr (*praśāsitā*) von allem, der Ātmā von allem ist usw.

Ebenso ist [auch] in der Subāla-Upaniṣad nach dem Beginn: 'Nichts war hier am Anfang. Die Geschöpfe entstanden ohne Ursprung und ohne Stütze. Nur der himmlische Gott, der eine, Nārāyaṇa [war da]. Das Auge und das zu Sehende war Nārāyaṇa; das Gehör und das zu Hörende war Nārāyaṇa,'[101] [mit den Worten]: 'Im Körper drinnen, verborgen in der Höhle [des Herzens] ist der eine, unentstandene, ewige [Gott], dessen Körper die Erde ist, der im Inneren der Erde weilt, den die Erde nicht kennt, dessen Körper die Wasser sind' usw. [bis]: 'dessen Körper der Tod ist, der im Inneren des Todes weilt, den der Tod nicht kennt; das ist dieser Ātmā, der allen Wesen innerlich [und] ohne Fehl ist, [nämlich] der himmlische Gott, der eine, Nārāyaṇa,'[102] dargelegt, daß nur das höchste Brahma der Ātmā von allem ist, daß es alles zum Körper hat, und alles lenkt.

Auch ist die aus dem Eigenwesen kommende Unsterblichkeit eine Beschaffenheit nur des höchsten Ātmā; und kommt dem höchsten Ātmā nicht ein Sehersein zu, soweit es vom Sinnesapparat abhängt, sondern weil er auf Grund seines Eigenwesens aus sich selbst allwissend ist, und all sein Wollen [unmittelbar] erfüllt ist.

In diesem Sinne gibt es die [Aussage der] Śruti: 'Er sieht ohne Auge. Er hört ohne Ohr.'[103] 'Ohne Hand [und] ohne Fuß ergreift er und ist schnell.'[104] Und die Worte 'Hören' und 'Sehen' bezeichnen nicht ein Erkennen, das durch den psychischen Apparat entsteht, sondern das unmittelbare Erfassen von Farbe usw. Dieses unmittelbare Erfassen von Farbe usw. entsteht bei der Einzelseele (*jīva*), deren wesenseigene Erkenntnis durch das Karma unterdrückt ist, durch den psychischen Apparat wie Auge usw., beim höchsten [Ātmā] aber von selbst.

---

[100] TaitU 2, 6.

[101] SubU 6.

[102] SubU 7.

[103] ŚvetU 3, 19.

[104] ŚvetU 3, 19.

Auch die [Stelle]: 'Es gibt keinen anderen Seher als diesen'[105] sagt, daß es keinen anderen Seher als den zuvor genannten Lenker und Seher gibt. Was zuvor durch die Aussage [der Śruti] 'den die Erde nicht kennt', 'den der Ātmā nicht kennt' gesagt wurde, [nämlich], daß Er von der Erde, dem Ātmā usw., die zu lenken sind, unerkannt lenkt, wird durch die [Aussage] 'ungesehen ist Er Seher, ungehört ist Er Hörer'[106] bestätigt. Sodann wird mit der [Aussage] 'Es gibt keinen anderen Seher als diesen'[107] ein anderes lenkendes [Prinzip] als dieser Lenker verneint. Und [wenn gesagt ist,] 'Er (*sa*) ist Dein Ātmā', [bzw.] 'dieser (*eṣa*) ist Dein Ātmā', dann kann der als Ātmā des mit Unterschiedsendung (*vyatirekavibhakti*) genannten individuellen Ātmā (*jīva*) bezeichnete 'Innere Lenker' nicht der individuelle Ātmā (*pratyagātmā*) sein."[108]

---

[105] BĀU 3, 7, 23.

[106] BĀU 3, 7, 23.

[107] BĀU 3, 7, 23.

[108] ŚruP I (2), pp. 317, 4 - 320, 8: *adhidaivādhilokādipadacihniteṣu vākyeṣu śrūyamāṇo 'ntaryāmī apahatapāpmā paramātmā nārāyaṇaḥ | kāṇvapāṭhasiddhebhyo 'dhidevādimadbhyo vākyebhyo 'dhikāni adhilokādimanti vākyāni mādhyandinapāṭhe santīti jñāpanārtham adhidaivādhilokādiṣv ity ubhayor upādānam | tad evam ubhayeṣv api vākyeṣv antaryāmī paramātmety arthah | kutaḥ | taddharmavyapadeśāt | paramātmadharmo hy ayam, yad eka eva san sarvalokasarvabhūtasarvadevādīn niyamayatīti | tathā hy uddālakapraśnaḥ ya imaṃ ca lokaṃ paraṃ ca lokaṃ sarvāṇi ca bhūtāni yo 'ntaro yamayati ity upakramya tam antaryāmiṇaṃ brūhi ity | tasya cottaram, yaḥ pṛthivyāṃ tiṣṭhan ity ārabhyoktaṃ| tad etat sarvān lokān sarvāṇi ca bhūtāni sarvān devān sarvān vedān sarvāṃś ca yajñān antaḥpraviśya sarvaprakāraniyamanaṃ sarvaśarīratayā sarvasyātmatvaṃ ca sarvajñāt satyasaṅkalpāt puruṣottamād anyasya na saṃbhavati | tathā hi antaḥ praviṣṭaḥ śāstā janānāṁ sarvātmā, tat sṛṣṭvā tad evānupraviśat | tadanupraviśya sac ca tyac cābhavat ityādīny aupaniṣadi vākyāni paramātmana eva sarvasya praśāsitṛtvaṃ sarvasyātmatvam ityādīni vadanti | tathā subālopaniṣadi, naiveha kañcanāgra āsīd, amūlam anādhāram imāḥ prajāḥ prajāyante divyo deva eko nārāyaṇaḥ | cakṣuś ca draṣṭavyaṃ ca nārāyaṇaḥ | śrotraṃ ca śrotavyaṃ ca nārāyaṇaḥ ityārabhya, antaś śarīre nihito guhāyām aja eko nityaḥ | yasya pṛthivī śarīraṃ yaḥ pṛthivīm antare sañcaran yaṃ pṛthivī na veda yasyāpaś śarīram ityādi | yasya mṛtyuḥ śarīraṃ yo mṛtyum antare sañcaran yaṃ mṛtyur na veda eṣa sarvabhūtāntarātmā 'pahatapāpmā divyo deva eko nārāyaṇaḥ iti parasyaiva brahmaṇaḥ sarvātmatvaṃ sarvaśarīratvaṃ sarvasya niyantṛtvaṃ ca pratipādyate | svābhāvikaṃ cāmṛtatvaṃ paramātmana eva dharmaḥ | na ca parasyātmanaḥ karaṇāyattaṃ draṣṭṛtvādikam, api tu svabhāvata eva sarvajñatvāt satyasaṅkalpatvāc ca svata eva | tathā ca śrutiḥ paśyaty acakṣuḥ sa śṛṇoty akarṇaḥ, apāṇipādo*

Diese exegetisch sehr breit angelegte Kommentierung von BrSū 1, 2, 19 durch Rāmānuja enthält die eigentliche Darlegung seines Siddhānta zur Lehre vom Antaryāmī, den er sowohl am Anfang wie am Ende seiner Darlegung folgendermaßen formuliert: „Der 'Innere Lenker' (*antaryāmin*) ist der, vom individuellen Ātmā verschiedene, höchste Ātmā, der ohne Fehl ist, nämlich der höchste Gott Nārāyaṇa."[109] Die Kommentierung von BrSū 1, 2, 20 und 21 hingegen wird von Rāmānuja kurz abgetan und bringt für das Verständnis des 'Inneren Lenkers' nichts Neues.

Den gleichen Eindruck gewinnt man, wenn man die viel knappere Kommentierung von BrSū 1, 2, 19-21 in Rāmānujas Spätwerk, dem Vedāntadīpa, heranzieht. Argumente und Siddhānta sind unverändert geblieben: „Es besteht der Zweifel," schreibt er dort, „ob der in der Bṛhadāraṇyaka-Upaniṣad [mit den Worten:] 'Er, der in der Erde befindlich, von der Erde verschieden ist, den die Erde nicht kennt, dessen Körper die Erde ist, der die Erde von innen trägt und lenkt, der ist Dein Ātmā, der 'Innere Lenker', der Unsterbliche.'[110] usw., – in allen Lesarten, – geoffenbarte 'Innere Lenker' der innere Ātmā [des Menschen] ist, oder der höchste Ātmā.

Die zunächst [erwogene] Position ist, daß er der innere Ātmā [des Menschen] ist, weil im Rest der Aussage (BĀU 3, 7, 23) [mit den Worten:] 'Er ist der Seher, der Hörer, er ist derjenige, der denkt [usw.]', sein Sehersein usw. geoffenbart ist, und [mit den Worten:] 'Es gibt keinen anderen Seher als ihn', ein anderer Seher verneint wird.

---

javano gṛhītā iti / na ca darśanaśravaṇādiśabdāś cakṣurādikaraṇajanmano jñānasya vācakāḥ, api tu rūpādisākṣātkārasya / sa ca rūpādisākṣātkāraḥ karmatirohitasvābhāvikajñānasya jīvasya cakṣurādikaraṇajanmā, parasya tu svata eva / nānyo 'to 'sti draṣṭā ity etad api pūrvavākyoditāt niyantur draṣṭur anyo draṣṭā nāstīti vadati / yaṃ pṛthivī na veda, yam ātmā na veda ityevamādibhir vākyaiḥ pṛthivyātmādiniyāmyair anupalabhyamāna eva niyamayatīti yat pūrvam uktam, tad eva adṛṣṭo draṣṭā aśrutaḥ śrotā iti nigamayya, nānyo 'to 'sti draṣṭā ityādinā tasya niyantur niyantrantaraṃ niṣidhyate / eṣa ta ātmā, sa ta ātmā iti ca ta iti vyatirekavibhaktinirdiṣṭasya jīvasyātmatayopadiśyamāno 'ntaryāmī na pratyagātmā bhavitum arhati //

109 ŚruP I (2) p. 321, 12 f.: *antaryāmī pratyagātmano vilakṣaṇo 'pahatapāpmā paramātmā nārāyaṇa iti siddham.*

110 BĀU 3, 7, 3.

Die gültige Lehre ist, daß der höchste Ātmā der 'Innere Lenker' ist, insofern das Lenken sämtlicher Wesenheiten, beginnend mit der Erde und endend mit dem Ātmā, durch ein einziges [Wesen], das von all diesen unerkannt ist, aber auch die durch nichts bedingte Unsterblichkeit, Beschaffenheiten nur des höchsten Ātmā sind. Das unmittelbare Erfassen von Farbe usw. ist das Sehersein usw. Und wegen [der Worte] 'Er sieht ohne Auge, er hört ohne Ohr' usw. kommt dieses auch dem höchsten Selbst zu, und [die Aussage:] 'Es gibt keinen anderen Seher als diesen' (BĀU 3, 7, 23) hat die Leugnung eines anderen Sehers, der so wie der 'Innere Lenker' dem individuellen Ātmā unsichtbar ist, auch dem 'Inneren Lenker' unsichtbar wäre, zum Inhalt. Der Sinn des Sūtra ist, daß der 'Innere Lenker', der in den Aussagen der Śruti, die durch die Worte 'bezüglich der himmlischen Wesenheiten', 'bezüglich der Welten' usw. kenntlich sind, geoffenbart ist, der höchste Ātmā ist, weil [dort] die Beschaffenheiten des höchsten Ātmā, wie allem-innerlich-Sein, von allem-ungekannt-Sein, alles-zum-Körper-Haben, alles Lenken, der Ātmā-von-allem-Sein, Unsterblichsein usw., genannt sind."[111]

Rāmānuja entwickelt seinen Siddhānta sowohl im Śrībhāṣya als auch im Vedāntadīpa, anders als Śaṅkara und Bhāskara, ausschließlich auf Grund der Aussagen der Śruti, wobei er zunächst die üblichen Belegstellen der Bṛhadāraṇyaka-Upaniṣad aus der ihm vorliegenden Kommentatorentradition übernimmt und zeigt, daß sich auf Grund dieser Stellen ergibt, daß es für einen anderen als

[111] VedD p. 36, 6-21: *bṛhadāraṇyake yaḥ pṛthivyāṃ tiṣṭhan pṛthivyā antaro yaṃ pṛthivī na veda yasya pṛthivī śarīraṃ yah pṛthivīm antare yamayaty eṣa ta ātmāntaryāmy amṛtaḥ ityādiṣu sarveṣu paryāyeṣu śrūyamāṇo 'ntaryāmī kiṃ pratyagātmota paramātmeti saṃśayaḥ // pratyagātmeti pūrvaḥ pakṣaḥ / vākyaśeṣe draṣṭāśrotāmantā iti draṣṭṛtvādiśruteḥ / nānyo 'to 'sti draṣṭeti draṣṭantaraniṣedhāc ca / rāddhāntas tu – pṛthivyādyātmaparyantasarvatattvānāṃ sarvair ebhir adṛṣṭenaikena niyamanaṃ nirupādhikāmṛtatvādikaṃ ca paramātmana eva dharma ity antaryāmī paramātmā / draṣṭṛtvādiś ca rūpādisākṣātkāraḥ / sa ca paśyaty acakṣuḥ saśṛṇoty karṇaḥ ityādinā ca paramātmano 'py asti / nānyo 'to 'sti draṣṭeti jīvenādṛṣṭāntaryāmidraṣṭṛvat antaryāmiṇā 'py adṛṣṭadraṣṭrantaraniṣedhaparaḥ // sūtrārthaḥ – adhidaivādhilokādipadacihniteṣu vākyeṣu śrūyamāṇo 'ntaryāmī paramātmā / sarvāntaratvasarvāviditatvasarvaśarīrakatvasarvaniyamanasarvātmatvāmṛtatvādiparamātmadharmāṇāṃ vyapadeśāt //*

Der Kommentar zu BrSū 1, 2, 20 f. ist nicht weiter charakteristisch; ebensowenig wie die Kommentierung des Antaryāmī-Adhikaraṇa im Vedāntasāra.

den Puruṣottama[112] unmöglich ist, alles in jeder Hinsicht zu lenken, nachdem er in alles eingegangen ist, und dadurch, daß er alles zum Körper hat, der Ātmā von allem zu sein.[113] Auf diese Formulierung – sie begegnet weder bei Śaṅkara noch bei Bhāskara – wird noch zurückzukommen sein. Doch zuvor muß noch ein anderer Umstand hervorgehoben werden, nämlich daß Rāmānuja durch das Zitieren des 6. und 7. Khaṇḍa der Subāla-Upaniṣad einen weiteren, entscheidenden Argumentationsschritt durchführt und so seinem Siddhānta einen spezifischen Aspekt verleiht.

Bei der Besprechung der Subāla-Upaniṣad[114] wurde schon erwähnt, daß diese Upaniṣad im 7. Khaṇḍa zwar Yajñavalkyas Evozierung des Antaryāmī kennt und verwendet, daß sie aber den Begriff eines 'Inneren Lenkers' selbst nicht verwendet, und so vor dem Hintergrund des 6. Khaṇḍa das „Innewohnen" Nārāyaṇas in besonderer Weise thematisiert, und dieses „Innewohnen" im Sinne von Yajñavalkyas Evozierung des Antaryāmī als das „alles-zum-Körper-Haben" Nārāyaṇas versteht. Es ist kein Zufall, daß Rāmānuja sich auf die genannten beiden Kapitel bezieht. Auch ihm geht es um diesen Aspekt des Antaryāmī. Auch hier zieht Rāmānuja wie am Ende seiner Argumentation mit Hilfe der Bṛhadāraṇyaka-Upaniṣad den Schluß, diese Stellen der Subāla-Upaniṣad lehrten, daß nur das höchste Brahma, in religiöser „Mythisierung" der höchste Gott Nārāyaṇa, der Ātmā von allem sei, und daß es daher alles zum Körper habe und alles lenke.[115]

---

[112] Es ist bezeichnend, daß Rāmānuja hier für den höchsten Ātmā die viṣṇuitische Bezeichnung 'höchstes Wesen' (*puruṣottama*) verwendet.

[113] Vgl. *antaḥ praviśya sarvaprakāraniyamanaṃ sarvaśarīratayā sarvasyātmatvaṃ ca sarvajñāt satyasaṃkalpāt puruṣottamād anyasya na saṃbhavati* (ŚruP I (2) p. 318, 8 f.); dieses Eingegangensein in alles belegt Rāmānuja noch zusätzlich durch je ein Zitat aus dem TaitĀ und der TaitU, die offenbar allein von ihm herangezogen wurden und zeigen, daß ihm dieser Gedanke des Eingegangenseins (*anupraviśya, anuprāviśat*) wichtig war. Vgl. auch das pp. 60 f. Gesagte.

[114] Siehe pp. 26 ff.

[115] *. . . iti parasyaiva brahmaṇaḥ sarvātmatvaṃ sarvaśarīratvaṃ sarvasya niyantṛtvaṃ ca pratipādyate* (ŚruP I (2) p. 318, 16 f.). Daß diese Bestimmungen des Ātmā in ganz ähnlicher Form auch im Vedāntadīpa (*sarvāntaratvasarvāviditatvasarvaśarīrakatvasarvaniyamanasarvātmatvāmṛtatva*) und im Ve-

Was bedeutet dies für Rāmānujas Verständnis des Antaryāmī? Rāmānuja hat in seinem Kommentar zu BrSū 1, 2, 19 jedenfalls festgehalten, daß der Antaryāmī der höchste Gott Nārāyaṇa selbst ist, der der Ātmā von allem ist, der alles zum Körper hat, und der der Lenker von allem ist. All dies hat Rāmānuja mit den Aussagen der Subāla-Upaniṣad begründet. Dennoch bleibt offen, wie Rāmānuja das Brahma, das für ihn der Gott Nārāyaṇa ist, als 'Inneren Lenker' verstanden hat. Hier hilft Rāmānujas exegetische Argumentation in seinem Kommentar zu BrSū 1, 2, 19 entscheidend weiter. Denn dieselben Aussagen der Śruti, die er in seiner Darlegung des Antaryāmī verwendet, begegnen bezeichnender Weise auch in seinem Kommentar zu BrSū 2, 1, 9 und zeigen so, daß das dort Gesagte letztlich auch für den Antaryāmī gilt, und daher mit dem *antaryāmin*-Begriff Rāmānujas zusammenzudenken ist.

In seinem Kommentar zu BrSū 2, 1, 9 entwickelt Rāmānuja seinen Körperbegriff, den er auf das Geistige und Ungeistige als den Körper des Brahma anwendet und im Antaryāmī-Adhikaraṇa in gleicher Weise auch dem 'Inneren Lenker' zuschreibt, wenn er im Sinne seines Siddhānta sagt, daß das mit dem 'Inneren Lenker' identifizierte höchste Brahma der Ātmā von allem ist, alles zum Körper hat und der Lenker von allem ist. In einem ersten Argumentationsschritt zeigt Rāmānuja, wie trotz der Lehre, daß Geistiges und Ungeistiges Körper des Brahma ist, dessen Sein transzendent, d. h. frei von allen Fehlern des Saṃsāra, bleibt:[116]

„Auch wenn das höchste Brahma mit den zwei Zuständen des Wirkung- und Ursacheseins, [nämlich] Sich-Zusammenziehen und Sich-Entfalten, verbunden ist, weil es zufolge dessen, daß es das geistige und ungeistige Seiende zu [seinem] Körper hat, dessen Ātmā ist, so besteht [doch] überhaupt kein Widerspruch [zur Transzendenz des Brahma], weil Sich-Zusammenziehen und -Entfalten [Beschaffenheiten] des Geistigen und Ungeistigen sind, die Körper des höchsten Brahma sind. Die dem Körper zukommenden Fehler gehören aber nicht zum Ātmā, und die Beschaffenheiten des Ātmā

dāntasāra (*sarvāntaratvasarvāviditatvasarvaśarīrakatvasarvaniyantṛtva*) wiederkehren, zeigt, wie wesentlich diese für ihn sind.

[116] Man denkt in diesem Zusammenhang an die Bemerkung in der Subāla-Upaniṣad: *eṣa sarvabhūtāntarātmāpahatapāpmā divyo deva eko nārāyaṇaḥ* (SubU 7).

nicht zum Körper . . ."[117] Anders als für Śaṅkara und auch Bhāskara[118] ist alles welthaft Seiende, in welchem der 'Innere Lenker' anwest und es so lenkt, für Rāmānuja „Körper" des Brahma selbst geworden, der als dessen „Modus" (*prakāra*) ewig dem Brahma angehört. Das Körper-des-Brahma-Sein ist so keine dem Brahma äußerliche Relation, sondern zu einer dem Sein des Brahma inneren Relationalität geworden. Man gewinnt den Eindruck, daß für Rāmānuja die ganze Welt und alle Wesen letztlich das Brahma sind, oder richtiger zum Sein des Brahma gehören, insofern das Brahma in seiner *vibhūti*, in der Entfaltung seiner „Seinsmacht" im Hinblick auf die Schöpfung eben auch das im Saṃsāra befindliche Seiende tatsächlich „ist", wenn auch in einer begrifflich sehr differenzierten Strukturierung, die im Körperbegriff Rāmānujas faßbar wird.[119]

„Denn alle Upaniṣaden (*vedāntāḥ*) offenbaren mit Bezug auf den höchsten Ātmā, daß die Gesamtheit des geistig und ungeistig [Seienden], sowohl das Grobe als auch das Feine, [dessen] Körper ist. Zunächst wird in [der Tradition] der Vājasaneyins, sowohl in der Rezension der Kāṇvas wie auch [jener] der Mādhyandinas, im Antaryāmyadhikaraṇa, nachdem [mit den Worten:] 'Er, der in der Erde befindlich . . . dessen Körper die Erde ist'[120] der Anfang gemacht wurde, [und] so die Gesamtheit des ungeistigen Seienden, [und mit den Worten:] 'Er, der im Erkennen befindlich . . . dessen Körper das Erkennen ist'[121] [bzw.] 'Er, der im Ātmā befindlich . . .

[117] ŚruP II 221, 5-8: *cidacidvastuśarīratayā tadātmabhūtasya parasya brahmaṇaḥ saṅkocavikāsātmakakāryakāraṇabhāvāvasthādvayānvaye 'pi na kaścid virodhaḥ; yataḥ saṅkocavikāsau parabrahmaśarīrabhūtacidacidvastugatau | śarīragatās tu doṣāḥ nātmani prasajyante ātmagatāś ca guṇā na śarīre.*

[118] Bhbh p. 44, 18 ff.: *yaṃ niyamayaty antaryāmī tadīyam eva kāryakaraṇam anupraviśya niyamayati sarvaśaktitvād iti nāsya kāryakāraṇam aparam apekṣaṇīyam.*

[119] Man kann sich des Eindrucks nicht erwehren, daß Rāmānuja hier eine, dem tantrischen Denken verpflichtete Weltkonzeption in Begriffen der vedāntischen Begriffstradition interpretierend darlegt. Zur Lehre, daß das Brahma sowohl das geistige als auch das ungeistige Seiende zum Körper hat, vgl. OBERHAMMER, Materialien II, § 11 ff.

[120] BĀU 3, 7, 3.

[121] BĀU 3, 7, 22 (Kāṇva).

dessen Körper der Ātmā ist'[122] das geistig [Seiende] jeweils einzeln genannt wurde, gelehrt, daß jedes einzelne [davon] Körper des höchsten Ātmā ist.

Auch in der Subāla-Upaniṣad wird, nachdem beginnend mit 'Er, der in der Erde befindlich ist, dessen Körper die Erde ist',[123] ebenso gesagt wurde, daß das Geistige und das Ungeistige in jedem [seiner] Zustände der Körper des höchsten Ātmā ist, [mit den Worten:] 'dieser ist der innere Ātmā aller Wesen, der ohne Fehl ist, der eine himmlische Gott, Nārāyaṇa',[124] hinsichtlich aller Wesen gesagt, daß Er [ihr] Ātmā ist."[125]

Rāmānujas Rede vom Brahma als Selbst aller Wesen (*sarvātmatva*) und vom geistigen und ungeistigen Seienden als Körper des Brahma (*sarvaśarīrakatva*) ist letztlich die erklärende Umschreibung seines Verständnisses des *antaryāmin*-Begriffes. Dieser Begriff entfaltet bei Rāmānuja seinen Inhalt begrifflich-philosophisch in der Lehre, daß das geistige und das ungeistige Seiende ontologische „Modi" (*prakāra*) des Brahma sind, die vom Brahma ewig abhängig sind und von diesem im Sinne eines ihnen „innewohnenden" Antaryāmī getragen und geleitet werden, aber dennoch ontologisch eine eigenständige Realität (*dravya*) sind. Die diesbezüglich vielleicht entscheidendste Stelle findet sich im Vedārthasaṃgraha, dem Frühwerk Rāmānujas: „Durch [die Aussagen] Vālmīkis, Parāśaras und Dvaipāyanas, welche durch das 'Gemeinsames-Substrat-Haben' (*sāmānādhikaraṇya*) und [ihre] Verwendung im primären Sinne die Entfaltung der Seinsmacht des Brahma hinsichtlich der

---

[122] BĀU 3, 7, 22 (Mādhyandina).

[123] SubU 7.

[124] SubU 7.

[125] ŚruP II p. 221, 15-22: *sarva eva hi vedāntāḥ sthūlasya sūkṣmasya cetanasyācetanasya ca samastasya paramātmānaṃ prati śarīratvaṃ śrāvayanti; vājasaneyake tāvat kāṇvaśākhāyāṃ mādhyandinaśākhāyāṃ cāntaryāmibrāhmaṇe, yaḥ pṛthivyāṃ tiṣṭhan . . . yasya pṛthivī śarīram ityārabhya pṛthivyādisamastam acidvastu, yo vijñāne tisthan . . . yasya vijñānaṃ śarīraṃ, ya ātmani tiṣṭhan . . . yasyātmā śarīram iti cetanañ ca pṛthakpṛthaṅnirdiśya tasya tasya paramātmaśarīratvam abhidhīyate / subālopaniṣadi ca, yaḥ pṛthivīm antare sañcaran yasya pṛthivī śarīram ityārabhya tadvad eva cidacitoḥ sarvāvasthayoḥ paramātmaśarīratvam abhidhāya, eṣa sarvabhūtāntarātmā 'pahatapāpmā divyo deva eko nārāyaṇaḥ iti tasya sarvabhūtāni prati ātmatvam abhidhīyate /*

Schöpfung (*vaibhava*) darlegen [indem sie lehren], daß das Brahma alles zum Körper hat (*sarvaśarīra*), da man [durch sie] erkennt, daß das Brahma der Ātmā von allem ist, und erkennt, daß die geistige und ungeistige Wirklichkeit (*vastu*) dessen Körper ist, und da der Körper mit Bezug auf die Seele als [deren] Modus (*prakāratā*) eine eigenständige Realität ist (*padārtha*), und Körper und Seele dank der Verschiedenheit ihrer Beschaffenheiten[126] unvermischt sind, wird von Brahma gelehrt, daß es alles Geistige und Ungeistige zum 'Modus' hat (*sarvacetanācetanaprakāraṃ brahma*). Das 'Gemeinsames-Substrat-Haben'[127] (*sāmānādhikaraṇya*) ist nämlich das sich auf denselben Gegenstand Beziehen zweier Wörter, in der Hauptsache [im Sinne] zweier 'Modi' (*prakāradvayamukhena*). Und das ist in dieser [unserer] Position das Entscheidende. Denn in dieser Weise wird im Falle des 'Gemeinsames-Substrat-Habens' [in der Aussage der Śruti *tat tvam asi*] mit [dem Wort] *tat* das Brahma bezeichnet, das ohne Fehl ist, alle Perfektionen in sich birgt, [und] die Ursache der Welt ist; [das Wort] *tvam* hingegen bezeichnet durch [seine] Verwendung im Sinne gemeinsamen Substrates mit dem geistigen [Seienden] das Brahma, das die Form des 'Inneren Lenkers' der individuellen Seele hat (*jīvāntaryāmirūpin*), diese zum Körper hat, als deren Selbst gegenwärtig ist, und diese zum 'Modus' (*prakāra*) hat."[128]

Indem Rāmānuja in dieser Weise die gesamte welthafte Wirklichkeit, nämlich Geistiges und Ungeistiges, als ewigen „Modus" (*prakāra*) des Brahma versteht, der nicht evolutionistisch aus dem Brahma, dem der Modus zukommt (*prakārin*), im Sinne eines

---

[126] Ich folge der Lesung von M_3: *dharmabhedena tayor.*

[127] Oder sollte man besser übersetzen: „das-eine-gemeinsame-Referenz-Haben"?

[128] VedS pp. 108, 18 - 109, 5: . . . *vālmīkiparāśaradvaipāyanavacobhiś ca parasya brahmaṇaḥ sarvasyātmatvāvagamāc cidacidātmakasya vastunas taccharīratvāvagamāc ca śarīrasya śarīriṇaṃ prati prakāratayaiva padārthatvāt śarīraśarīriṇoś ca dharmabhede 'pi tayor asaṃkarāt sarvaśarīraṃ brahmeti brahmaṇo vaibhavaṃ pratipādayadbhiḥ sāmānādhikaraṇyādibhir mukhyavṛttaiḥ sarvacetanācetanaprakāraṃ brahmaivābhidhīyate / sāmānādhikaraṇyaṃ hi dvayoḥ padayoḥ prakāradvayamukhenaikārthaniṣṭhatvam / tasya caitasmin pakṣe mukhyatā / tathā hi tattvam iti sāmānādhikaraṇye tadityanena jagatkāraṇaṃ sarvakalyāṇaguṇākaraṃ niravadyaṃ brahmocyate / tvam iti ca cetanasamānādhikaraṇavṛttena jīvāntaryāmirūpi taccharīraṃ tadātmatayāvasthitaṃ tatprakāraṃ brahmocyate /*

Bhedābhedavāda hervorgeht, sondern ewig in einer ontologisch abhängigen Geschiedenheit verbleibt, gelingt es ihm, die Transzendenz des Brahma zu wahren.

„Daher gibt es, sofern der höchste Ātmā [zusammen] mit der Urmaterie als [seinem] 'Modus' (*prakāra*) besteht, eine Veränderung [nur] im Bereich der Urmaterie, die sein 'Modus' ist, im [höchsten] Ātmā, dem der 'Modus' zukommt, gibt es [hingegen] keine Veränderung. Ebenso gibt es, sofern der höchste Ātmā auch [zusammen] mit den [individuellen] Seelen als [seinem] 'Modus' besteht, alles [Handeln usw.], das dem Ziel des Menschen nicht [dienlich] ist,[129] usw., [nur] im Bereich der [individuellen] Seelen, der [sein] 'Modus' ist, [während der höchste Ātmā], dem der 'Modus' zukommt, der Lenker ist, der von allen Fehlern frei ist, der alle Perfektionen besitzt [und] dessen Wollen [immer] verwirklicht ist."[130]

Es ist der höchste Ātmā selbst, dem das Geistige und das Ungeistige als ewiger 'Modus' zukommt, der im Denken Rāmānujas die Stelle des Antaryāmī einnimmt. Was Śaṅkara in seinem Kommentar zur Bṛhadāraṇyaka-Upaniṣad[131] vermieden hatte, indem er die Aussage Yajñavalkyas, daß die Erde usw. der Körper des Antaryāmī ist, dahingehend interpretierte, daß der Antaryāmī nicht einen eigenen Körper, nämlich die Erde, besitze, sondern durch den Körper der Gottheit „Erde" etc. diese von innen lenke, ist bei Rāmānuja dank seiner Lehre von den „Modi" (*prakāra*) des Brahma, den Worten Yajñavalkyas genau entsprechend, zum Denkmodell geworden: Alles Seiende ist für Rāmānuja tatsächlich „Körper" des höchsten Ātmā. Und es ist letztlich Rāmānujas Körper-Begriff, der es ihm möglich macht, zu erklären, wie das Brahma der 'Innere Lenker' sein kann.

Wenn aber in dieser Sicht das Brahma immer schon „Lenker" (*niyantā*) des seinen Körper bildenden geistigen und ungeistigen Seienden ist, fragt man sich, worin sich die Funktion des „Inneren

---

[129] Wohl die Fehler (*doṣāḥ*).

[130] VedS p. 113, 3-5: *ataḥ prakṛtiprakārasaṃsthite paramātmani prakārabhūtaprakṛtyaṃśe vikāraḥ prakāryaṃśe cāvikāraḥ / evam eva jīvaprakārasaṃsthite paramātmani ca prakārabhūtajīvāṃśe sarve cāpuruṣārthāḥ prakāryaṃśo niyantā niravadyaḥ sarvakalyāṇaguṇākaraḥ satyasaṃkalpa eva /*

[131] BĀU 3, 7, 3.

Lenkers“ (*antaryāmin*) vom „Lenkersein“ des Brahma als Ātmā von allem unterscheidet. Was bedeutet daher die Rede vom „Eingehen“ (*praviś, anupraviś*) des Brahma in seine Modi (*prakāra*) als Ātmā von allem?[132] Sofern die ontologische Beziehung von Modus und Modus-Habenden ewig ist, kann man sich nicht denken, wie das Brahma als Modus-Habendes im strengen Sinn des Wortes in seine Modi „eingehen“ könnte. Das mit dieser ontologischen Beziehung verbundene „Lenken“ (*niyamana*) jedoch, das offenbar Bedingung des Entstehens, Bestehens und Vergehens der Welt ist, setzt in einem bestimmten Zeitpunkt ein und wirkt erst in diesem Zeitpunkt auf das geistige und ungeistige Seiende ein und ist so das in der Zeit sich ereignende im Sinne der Machtentfaltung (*vaibhava*) des Brahma im Entstehen der Schöpfung usw.[133] Einwirken auf das Seiende. Mit dem Begriff des „Eingehens“ (*anupraviś*) des Brahma in das Seiende, welches immer schon als Körper sein Modus ist, scheint letztlich dieses „Einwirken“ gemeint zu sein, nicht aber eine spezifische sekundäre Erscheinungsform des höchsten Ātmā im Sinne tantrischen Denkens.

Rāmānujas Definition des „Körpers“ begegnet, wie oben erwähnt, im Śrībhāṣya in dem selben Kontext, in welchem er jene Offenbarungsaussagen, die er zur Erklärung des Antaryāmī-Adhikaraṇa herangezogen hatte, verwendet, um nachzuweisen, daß alles, das geistige und das ungeistige Seiende, der Körper des höchsten Ātmā ist. Dadurch macht aber Rāmānujas Körperbegriff letztlich jene Reflexion sichtbar, durch die der Begriff des Antaryāmī aus der religiösen Sprache in eine präzise philosophisch-theologische Begrifflichkeit übergeführt wird. In seinem Kommentar zu BrSū 2, 1, 9 schreibt er im Anschluß an jenen Nachweis zur Ableitung seines Körperbegriffes: „Im täglichen Leben beobachtet man, daß das Wort „Körper“, das nicht, wie beispielsweise das Wort „Topf“ einer Substanz zugeordnet ist, die [nur] eine einzige Erscheinungsform besitzt, im Falle von Würmern, Insekten, Vögeln, Schlangen, Menschen, Tieren usw., die alle völlig verschiedene Gestalt haben, nicht in sekundärer Bedeutung verwendet wird. Daher muß die Ursache

---

132 Vgl. p. 54 f. und Anm. 113.

133 Vgl. pp. 60. Die Rede ist hier vom sich Entfalten der Urmaterie etc. und dem Wirken des Karma etc. in den geistigen Wesen.

seiner Anwendung (d. h. der Begriff „Körper") in Übereinstimmung mit jedem Gebrauch [dieses Wortes] festgelegt werden."[134]

Dies kann nur bedeuten, daß Rāmānuja den Begriff „Körper", der letztlich der entscheidende Begriff für sein Verständnis des 'Inneren Lenkers' wurde, sofern durch diesen die Beziehung der Welt zum Brahma und damit zum Antaryāmī als das Körper-dessen-Sein begrifflich geklärt werden konnte, durch eine klare Definition so bestimmen wollte, daß dieser geeignet war, auf jeden Körper im *primären* Sinne angewendet zu werden. Dies konnte für Rāmānuja nur so geschehen, daß durch ihn die Relation des Antaryāmī zum geistigen und ungeistigen Seienden, die vor allem durch die Subāla-Upaniṣad, aber auch durch die Bṛhadāraṇyaka-Upaniṣad, in der Aussage von den verschiedenen Wesenheiten als „Körper" des Antaryāmī thematisiert wurde, begrifflich klar erfaßt wurde.[135]

Tatsächlich stellt sich auch Rāmānujas „Körper"-Definition wie die begriffliche Auslegung des *antaryāmin*-Begriffes Yajñavalkyas dar: „Welche Substanz daher", meint Rāmānuja im Śrībhāṣya zu BrSū 2, 1, 9, „für welches geistige Wesen ihrem ganzen Wesen nach zu ihrem eigenen Zweck zu lenken und zu erhalten ist, und

[134] Śrībh II p. 222, 1-3: *loke ca śarīraśabdo ghaṭādiśabdavat ekākāradravyaniyatavṛttim anāsāditaḥ krimikīṭapataṅgasarpanarapaśuprabhṛtiṣv atyantavilakṣaṇākāreṣu dravyeṣv agauṇaḥ prayujyamāno dṛśyate / tena tasya pravṛttinimittavyavasthāpanaṃ sarvaprayogānuguṇyenaiva kāryam /*

[135] In diesem Zusammenhang ist es nicht uninteressant, daß die Subāla-Upaniṣad, die für Rāmānuja in seinem Śrībhāṣya zu BrSū 1, 2, 19 eine der ganz wichtigen Aussagen der Śruti ist, mit denen er nachweist, daß alles Seiende, sowohl das geistige als auch das ungeistige der „Körper" des höchsten Ātmā ist, im Unterschied zu Rāmānuja nicht davon redet, daß das Geistige (*cit, ātmā*) Körper des höchsten Gottes ist. Vielmehr scheint sie selbst in einer Art evolutionistischen Monismus nur den Gott Nārāyaṇa, in welcher Form immer, als das geistige Prinzip im Menschen gekannt zu haben. Allerdings könnte die zusammenfassende Aussage der Subāla-Upaniṣad *eṣa sarvabhūtāntarātmāpahatapāpmā divyo deva eko nārāyaṇa* in Verbindung mit BĀU 3, 7, 22 (Mādhyandina-Rezension) den Schluß nahegelegt haben, daß Nārāyaṇa auch für die Subāla-Upaniṣad das „innere Selbst" des Ātmā sei. Verwunderlich ist, daß in der Poona-Ausgabe des Śrībhāṣya im Kommentar zu BrSū 1, 1, 31 tatsächlich ein Zitat der Subāla-Upaniṣad begegnet, das folgendermaßen lautet: *ya ātmani sañcaran, yasyātmā śarīraṃ, yam ātmā na veda, eṣa sarvabhūtāntarātmāpahatapāpmā divyo deva eko nārāyaṇaḥ* (Śrībh II p. 326, 1 f.). Da die mir zugänglichen anderen Editionen das Zitat in dieser Form nicht kennen, könnte es sich möglicherweise lediglich um einen Irrtum des Editors handeln.

[welche] das ‘Rest-dessen-Sein’ als ihre einzige Eigenform hat, die ist dessen Körper. Im Falle geschädigter Körper etc. ist die Nichtbeobachtung des Lenkens durch eine Behinderung der lenkenden Kraft bewirkt, welche Kraft [dennoch] vorhanden ist, wie man [auch] die Hitze usw. nicht beobachtet, wenn die Kraft des Feuers behindert ist. Im Zeitpunkt der Trennung des Geistes [vom Körper] hat der Körper begonnen sich zu desintegrieren und im nächsten Augenblick geht er zugrunde. Wegen des Zuvor-Körper-Gewesen-Seins und weil er Teil des [als solches] organisierten Gebildes [Mensch] war, gibt es [auch nach dem Tode] den Denk- und Sprachgebrauch ‘Körper’. Daher ist alles seinem ganzen Wesen nach [und] zum eigenen Zweck vom höchsten Ātmā zu lenken und zu erhalten und hat als Eigenwesen einzig und allein das ‘dessen-Rest-Sein’. In diesem Sinne ist alles Geistige und Ungeistige der Körper.“[136]

Eine ältere „Körper“-Definition Rāmānujas – sie findet sich im Vedārthasaṃgraha – verbindet den Begriff des „Körpers“ mit jenem des „Modus“ (*prakāra*): „Dies ist das ‘Körper-und-Seele-Sein’, nämlich das Verhältnis von Tragendem und Getragenen, die getrennt [voneinander] nicht vorkommen können, das Verhältnis von Lenker und Gelenktem und das Verhältnis von ‘Rest’ und ‘Rest-Habendem’. Sofern er als seinem ganzen Wesen nach Tragender, Lenkender und ‘Rest’-Habender ‘erlangt’ (*āpnoti*),[137] heißt er *ātmā*. Sofern [etwas] als seinem ganzen Wesen nach zu Tragendes, zu Lenkendes und ‘Rest’-Seiendes getrennt nicht vorkommender Modus (*prakāra*) ist, ist es ‘Gestalt’ (*ākāra*) und wird ‘Körper’

---

[136] ŚruP II pp. 222, 11 - 223, 5: *ataḥ, yasya cetanasya yad dravyaṃ sarvātmanā svārthe niyantuṃ dhārayituṃ ca śakyaṃ taccheṣataikasvarūpaṃ ca, tat tasya śarīram iti śarīralakṣaṇam āstheyam / rugṇaśarīrādiṣu niyamanādyadarśanaṃ vidyamānāyā eva niyamanaśakteḥ pratibandhakṛtam; agnyādeḥ śaktipratibandhād auṣṇyādyadarśanavat / mṛtaśarīraṃ ca cetanaviyogasamaya eva viśaritum ārabdham, kṣaṇāntare ca viśīryate / pūrvaṃ śarīratayā parikḷptasaṅghātaikadeśatvena ca tatra śarīratvavyavahāraḥ / ataḥ sarvaṃ paramapuruṣeṇa sarvātmanā svārthe niyāmyaṃ dhāryaṃ taccheṣataikasvarūpam iti sarvaṃ cetanācetanaṃ tasya śarīram /*

[137] Etymologie des Wortes *ātmā* in Nirukta III 15.

genannt. Denn derart ist die Verbindung des individuellen Ātmā zu seinem Körper."[138]

Der entscheidende Gedanke dieser Körper-Definition mit Blick auf den Antaryāmī ist der, daß der Körper etwas ist, das vom Körper-Habenden (*śarīrin*) nicht nur zu „tragen" (*dhārya*) und zu lenken (*niyamya*) ist, sondern daß der Körper sich zum Körper-Habenden so verhält, wie der „Rest" (*śeṣa*) zum „Rest"-Habenden (*śeṣin*). Drückt sich in den beiden ersten Bestimmungen im Grunde der gleiche Gedanke aus, den Yajñavalkya mit seiner Formel *yaḥ . . . yamayati* zum Ausdruck bringt und der wohl in dem Sinne zu verstehen war, daß der Antaryāmī die betreffende Wesenheit in ihrem Wesen „hält" und „lenkt", so scheint die dritte Bestimmung gewissermaßen der Vorstellung Yajñavalkyas vom Antaryāmī als einem „von innen", bzw. „im Innern befindlichen" Lenkenden zu entsprechen, und entfaltet daher Rāmānujas Begriff vom „Körper-Habenden", nämlich den höchsten Ātmā in seinem spezifischen Aspekt als Antaryāmī, weil er die ontologische Hinordnung des „Körpers" auf den Körper-Habenden[139] begrifflich eindeutig in den Blick bringt. Denn auch in Yajñavalkyas „Körper"-Begriff muß wohl eine gewisse Vorstellung einer wesenhaften Hinordnung der betreffenden Wesenheit auf den Antaryāmī mitgedacht gewesen sein.

In seinem Vedārthasaṃgraha erklärt Rāmānuja die beiden Begriffe *śeṣa* und *śeṣin* und wendet sie im Sinne seines *antaryāmin*-Begriffes auf Gott (*īśvara*) an: „Denn dies ist überall das Verhältnis von 'Rest' (*śeṣa*) und 'Rest-Habendem' (*śeṣin*). 'Rest' ist dasjenige, dessen Eigenwesen es ist, daß es zufolge seines Verlangens/seiner Hinordnung (*icchayā*), die einem anderen zukommende Überlegenheit zu fördern (*ādhāna*), gebraucht wird. Der andere ist der 'Rest-Habende'. . . . Ebenso ist die Eigenform jedes Realen, sei es geistig oder ungeistig, ewig oder nicht ewig, daß es zufolge einer Hinordnung, die Gott zukommende Überlegenheit zu ermög-

---

[138] VedS p. 114, 1-4: *ayam eva cātmaśarīrabhāvaḥ pṛthaksiddhyanarhādhārādheyabhāvo niyantṛniyāmyabhāvaḥ śeṣaśeṣibhāvaś ca / sarvātmanādhāratayā niyantṛtayā śeṣitayā ca – āpnotītyātmā sarvātmanādheyatayā niyāmyatayā śeṣatayā ca – apṛthaksiddhaṃ prakārabhūtam ityākāraḥ śarīram iti cocyate / evam eva hi jīvātmanaḥ svaśarīrasaṃbandhaḥ /*

[139] Vgl. *yasya pṛthivī śarīram* etc. BĀU 3, 7, 7 ff.

lichen, gebraucht wird; und daher ist alles 'Rest' Gottes, und ist Gott das Alles-zum-'Rest'-Habende."[140]

Durch die Bestimmung des „Körpers" als „Rest" im hier dargelegten Sinne ergibt sich durch den doppelten Aspekt der *icchā* gleichsam eine Umkehrung der vom höchsten Ātmā als Antaryāmī ausgehenden Seinsdynamik des „Tragens" und „Lenkens" (vgl. *niyantuṃ dhārayituṃ ca śakyam*), insofern dadurch eine deutliche, dem Sein des Körpers „Sinn" verleihende Finalität zum Ausdruck kommt. Das Wort *icchā* bedeutet lexikalisch zunächst jedenfalls „Wunsch", „Verlangen nach". Diese Bedeutung ist jedoch im Falle des ungeistig Seienden nicht möglich und enthüllt daher seinen primär „metaphorischen" Gebrauch im Sinne von „Hinordnung", der, da Rāmānuja eine ontologische Definition des Körpers zu geben versucht, auch für das geistige Seiende angenommen werden muß, und so eine ontologische Hinordnung im Sinne der Finalität des Seienden in den Blick bringt, die im „Gebrauchtwerden" (*upādeyatvam*) zum Ausdruck kommt. Erst sekundär, weil es diese ontologische Hinordnung gibt, kann diese Hinordnung bejaht, und *icchā* in einem subjektiv-religiösen Sinne, auch zu einem spirituellen Modell eines sich frei zu Gott als dem Antaryāmī Verhaltens werden.

Im Horizont dieser Auffassung der gesamten geistigen und ungeistigen Wirklichkeit als der „Körper" des Brahma wird dieses seinerseits im eigentlichen Sinne zum Ātmā dieser Wirklichkeit, zum „tragenden" und „lenkenden" Prinzip allen Seins, und tritt so an die Stelle des Antaryāmī, der etwa bei Bhāskara in seine Schöpfung sekundär eingeht und diese lenkt. Bei Rāmānuja ist das Brahma als Ātmā und als dasjenige, dem das Geistige und das Ungeistige als ewiger Modus zu eigen ist, seiner ewigen Eigenform (*svarūpa*) nach „Tragendes", „Lenkendes" und „Rest-Habendes" und so im Grunde 'Innerer Lenker' (*antaryāmin*) schlechthin.[141]

---

[140] VedS p. 151, 1-6: *ayam eva hi sarvatra śeṣaśeṣibhāvaḥ / paragatātiśayādhānecchayopādeyatvam eva yasya svarūpaṃ sa śeṣaḥ paraḥ śeṣī /. . . evam īśvaragatātiśayādhānecchayopādeyatvam eva cetanācetanātmakasya nityasyānityasya ca sarvasya vastunaḥ svarūpam iti sarvam īśvaraśeṣabhūtaṃ sarvasya ceśvaraḥ śeṣīti*. . .; vgl. auch VAN BUITENEN VedS p. 275.

[141] Daß dies auch in der Tradition der Schule so verstanden wurde, belegt eine kurze Bemerkung Nārāyaṇāryas (ca. 1200 n. Chr.) in seiner Nītimālā: „Daher ist zuzugestehen, daß das, was wessen zu Lenkendes (*ādheya*) ist, was wovon abhängig ist, was wessen 'Rest' ist, dessen Körper ist. Wenn man dies

Wenn dies richtig ist, dann möchte man weiter vermuten, daß gerade die Vorstellung vom Antaryāmī, dessen „Körper", schon in der Lehre Yajñavalkyas, die Wesenheiten der Welt und die Lebewesen waren, für Rāmānuja zu einem der entscheidenden Leitgedanken wurde, den er in seiner Lehre auf das Brahma als solches anwandte.

Dieses Verständnis des Antaryāmī als Brahma, das als höchster Ātmā alles lenkt und trägt und auf das alles in seinem Sein und Wirken hingeordnet ist, bestätigt sich, wenn man einige Stellen des Śrībhāṣya zur Interpretation heranzieht, an denen Rāmānuja im Zusammenhang mit der Meditation vom höchsten Ātmā im Inneren des Menschen spricht und an einer Stelle selbst den Terminus *antaryāmin* verwendet, sodaß man daran denken könnte, Rāmānuja habe mit diesem Terminus doch eine spezifische Form und Funktion des Brahma im Auge gehabt.[142] Vor allem in seinem Kommentar zu BrSū 1, 3, 24, wo er Erklärendes zu der Aussage der Kaṭha-Upaniṣad vorbringt, in der gesagt wird, daß das „daumengroße Wesen immerdar als 'Inneres Selbst' ins Herz der Lebewesen eingegangen ist",[143] liegt dieser Gedanke nahe. Eine genauere Analyse des Textes zeigt jedoch, daß dies nicht richtig ist, und im Gegenteil die hier gebotene Deutung von Rāmānujas Antaryāmī-Verständnis letztlich bestätigt: Rāmānuja schreibt dort: „Weil das höchste Selbst zum Zweck der Verehrung im Herzen des Verehrers gegenwärtig ist, [und] das Herz des Verehrers die Größe eines Daumens hat, ist

zugibt, dann ist es möglich, daß der höchste Ātmā als Träger von allem, als Lenker von allem und als alles-zum-'Rest'-Habendes alles zum Körper hat. Aus eben diesem Grunde wird gesagt, daß der Ātmā von allem ins Innere eingegangen der Beherrscher der Wesen ist." (NM p. 40, 4-7: *tasmāt yasya yad ādheyam, yad vidheyam, yac cheṣabhūtam, tat tasya śarīrabhūtam ity abhyupagantavyam / evam abhyupagame paramātmanas sarvādhāratayā sarvaniyantṛtayā sarvaśeṣitayā ca sarvaśarīratvam upapannam / ata eva antaḥ praviṣṭaś śāstā janānāṃ sarvātmety ucyate /*). Siehe auch TD p. 9, 8 f.: *tad antaryāmiparamātmasvarūpatatsvabhāveti. tadantaryāmiśabdena jīvasya paramātmaśarīratve tadvāciśabdasya paramātmaparyantatvaṃ siddhaṃ*; bzw. TD p. 12, 21: *antaryāminaḥ paramātmanaḥ tadekaniyamyatvena kṛtsnasya śarīrakatvāt*; vgl. auch TD p. 12, 13-16.

[142] Vgl. J. B. CARMAN, The Theology of Rāmānuja. Bombay 1981, p. 186.

[143] *aṅguṣṭhamātraḥ puruṣo 'ntarātmā sadā janānāṃ hṛdaye sanniviṣṭaḥ* (KaṭhaU 4, 17).

unter Rücksicht darauf diese Daumengröße möglich; ist doch auch die Daumengröße der Einzelseele unter Rücksicht darauf gegeben, weil sie sich im Inneren des Herzens befindet."[144]

Fragt man sich, was die Aussage dieses Textes ist, dann ist es jedenfalls nicht die, daß das Brahma als Antaryāmī eine daumengroße Gestalt hat. Vielmehr scheint er zu erklären, wieso die Kaṭha-Upaniṣad vom Brahma sagen kann, daß es ein „daumengroßes" Wesen (*aṅguṣṭhamātraḥ puruṣaḥ*) im Herzen des Menschen ist. Rāmānuja steht offenbar vor der Frage, warum und in welcher Weise die Śruti vom höchsten Ātmā zu Recht sagen kann, daß dieser „daumengroß" im Herzen der Menschen gegenwärtig ist. Die Antwort thematisiert den höchsten Ātmā im Kontext der Verehrung, was für die Entwicklung des Theologems vom 'Inneren Lenker' nicht unwichtig ist: Es ist der höchste Ātmā als solcher, nicht eine gestalthafte Konkretisierung von ihm, der dem Verehrenden in seinem Herzen gegenwärtig ist. Die Rede der Upaniṣad von dem „daumengroßen Wesen im Herzen der Menschen" ergibt sich für Rāmānuja, da das Herz des Menschen diese Größe hat, und die Erfahrung des höchsten Ātmā in der Verehrung (*upāsana*) traditioneller Weise im Herzen als Sitz der Einzelseele lokalisiert ist. Die Gegenwart des höchsten Ātmā im Herzen ihrerseits dürfte, auch wenn dies an dieser Stelle nicht ausdrücklich gesagt ist, dadurch möglich sein, daß dieser als Lenker usw. der Einzelseele (*jīva*) „gleichen Ort mit dieser besitzt" (*sāmānādhikaraṇya*), nicht aber dadurch, daß der höchste Ātmā etwa in einer bestimmten Konkretisierung als 'Innerer Lenker' im Herzen des Menschen „herabgestiegen" (*avatīrṇa*) oder „eingegangen" (*anupraviś*) wäre. Der entscheidende Terminus für den höchsten Ātmā im Herzen des Menschen ist in diesem Zusammenhang nicht *antaryāmin*, sondern *antarvartin*, ein Wort, das Rāmānuja auch in analogem Zusammenhang immer wieder verwendet, wie beispielsweise in seiner Erklärung der Daharavidyā,[145] was zeigt, daß es nicht um den Antaryāmī geht, sondern einfach um die

---

[144] Śrībh II p. 51, 6 f.: *paramātmana upāsanārtham upāsakahṛdaye vartamānatvād upāsakahṛdayasyāṅguṣṭhapramāṇatvāt tadapekṣayedam aṅguṣṭhapramitatvam upapadyate. jīvasyāpy aṅguṣṭhapramitatvaṃ hṛdayāntarvartitvāt tadapekṣam eva.*

[145] BrSū 1, 3, 13.

Gegenwart des höchsten Selbstes im Herzen des Menschen bei der Verehrung.

In diesem Zusammenhang ist eine Stelle aus dem Kommentar Rāmānujas zu BrSū 1, 3, 8 besonders interessant, nicht nur weil sie den höchsten Ātmā mit der Vorstellung des Antaryāmī in Verbindung bringt, sondern auch, weil sie über das bisher Gesagte hinaus ausdrücklich belegt, daß es schon bei Rāmānuja Ansätze gibt, die Gegenwart des höchsten Ātmā in der meditativen Verehrung im Sinne des Antaryāmī zu deuten. Es ist dies eine Stelle im Bhūman-Adhikaraṇa,[146] an der Rāmānuja abermals Stellen aus der Śruti in Zusammenhang mit der meditativen Verehrung (*upāsana*) interpretiert und zeigt, daß der *bhūman*, von dem sie sprechen, der höchste Ātmā ist, und dieser in der meditativen Verehrung das eigentliche Objekt ist, das durch die Verwendung des Wortes „Ich" (*ahaṃgraha*) in der Śruti gelehrt wird.

Konkret handelt es sich um die Interpretation des Wortes „Ich" in der Aussage der Chāndogya-Upaniṣad 7, 25, 1[147]: „Das Ātmā-von-allem-Sein (*sarvātmakatva*), das mit [den Worten]: *aham evādhastāt* usw. dargelegt ist, wird durch die Verwendung [des Wortes] 'Ich' als Verehrung des durch 'Größe' (*bhūman*) charakterisierten Brahma dargelegt, weil mit [den Worten]: *athāto 'haṃkārādeśaḥ* die Belehrung vermittels der Verwendung des [Wortes] 'Ich' begonnen wird. Es ist nämlich in den [Aussagen des] Antaryāmī-Brāhmaṇa[148] gesagt, daß der höchste Ātmā das Selbst (*ātmā*) auch des 'Inneren Ātmā' ist, der der Ich-Gegenstand (*ahamartha*) ist. Daher bezeichnet letztlich auch das Wort 'Ich' den höchsten Ātmā, weil der innere Gegenstand[149] letztlich der höchste Ātma [selbst] ist, und daher die Darlegung vermittels der Verwendung [des Wortes] 'Ich' den Zweck hat, den höchsten Ātmā in den Blick zu bringen, sofern er den inneren Ātmā zum 'Körper' hat. Da der

---

[146] BrSū 1, 3, 7 f.

[147] Der Text der Upaniṣad lautet: *sa evādhastāt sa upariṣṭāt sa paścāt sa purastāt sa dakṣiṇataḥ sa uttarataḥ sa evedaṃ sarvam iti / athāto 'haṃkārādeśa eva aham evādhastāt aham upariṣṭāt ahaṃ paścāt ahaṃ purastāt ahaṃ dakṣiṇataḥ aham uttarataḥ aham evedaṃ sarvam iti //*

[148] BĀU 3, 7, 1 ff.

[149] D. h. der innere Ātmā, sofern der höchste Ātmā sein Selbst ist.

höchste Ātmā, sofern er alles zum Körper hat, das Selbst (*ātmā*) von allem ist, ist er [nämlich] auch das Selbst (*ātmā*) des inneren Ātmā [des Menschen]. Genau dies wird [von der Śruti], beginnend mit *athāta ātmādeśaḥ* und endend mit 'der Ātmā ist dieses alles'[150], gesagt. Um dies auszudrücken, wird [ChU 7, 26, 1 mit den Worten:] *tasya ha vā etasyaivaṃ paśyata evaṃ manvānasyaivaṃ vijānata ātmataḥ prāṇa ātmata akāśaḥ* usw. gesagt, daß alles auf Grund des höchsten Ātmā entsteht, der auch der Ātmā des inneren Selbstes [des Menschen] ist; [mit anderen Worten], daß alles auf Grund des höchsten Ātmā entsteht, der der 'Innere Lenker' (*antaryāmin*) des Verehrenden (*upāsaka*) ist. Daher soll [seine] meditative Verehrung (*upāsana*) mit Hilfe der Verwendung des Wortes 'Ich' ausgeführt werden, um die Erkenntnis zu gewinnen, daß der höchste Ātmā das innere Selbst [des Menschen] zum 'Körper' hat."[151]

Das Verständnis dieser Stelle erschließt sich in der exegetischen Bemühung Rāmānujas, die Funktion des Wortes „Ich" (*aham, ahaṃkāra*) in Chāndogya-Upaniṣad 7, 25, 1 zu erklären, indem er bemerkt, daß das „Ātmā-von-allem-Sein" (*sarvātmakatva*) des Brahma zufolge der Verwendung des Wortes „Ich" zur dynamischen Struktur der meditativen Verehrung (*upāsana*) des höchsten Selbstes wird.[152] Daß hier Rāmānuja tatsächlich von einer inhaltlichen dynamischen Struktur der meditativen Verehrung spricht, die

---

[150] ChU 7, 25, 2.

[151] Śrībh II pp. 19, 12 - 20, 4: *yat tu aham evādhastād ityādinā sarvātmakatvam upadiṣṭam, tad bhūmaviśiṣṭasya brahmaṇo 'haṃgraheṇopāsanam upadiśyate, athāto 'haṅkārādeśaḥ ity ahaṃgrahopadeśopakramāt / ahamarthasya pratyagātmano 'pi hy ātmā paramātmety antaryāmibrāhmaṇādiṣūktam / ataḥ pratyagarthasya paramātmaparyavasānād ahaṃśabdo 'pi paramātmaparyavasāyīti pratyagātmaśarīrakatvena paramātmānusandhānārtho 'yam ahaṃgrahopadeśaḥ / paramātmanas sarvaśarīratayā sarvātmatvāt pratyagātmano 'py ātmā paramātmā / tad eva athāta ātmādeśa ityādinā ātmaivedaṃ sarvam ityantenocyate / etad evopapādayituṃ pratyagātmano 'py ātmabhūtāt paramātmanas sarvasyotpattir ucyate tasya ha vā etasyaivaṃ paśyata evaṃ manvānasyaivaṃ vijānata ātmataḥ prāṇa ātmataḥ ākāśaḥ ityādinā / upāsakasyāntaryāmitayā 'vasthitāt paramātmanas sarvasyotpattir ity arthaḥ / ataḥ paramātmanaḥ pratyagātmaśarīrakatvajñānapratiṣṭhārtham ahaṃgrahopāsanaṃ kartavyam /*

[152] Vgl. *yat tu . . . sarvātmakatvam upadiṣṭam, tad . . . brahmaṇo 'haṃgraheṇopāsanam upadiśyate*; bzw. *ataḥ paramātmanaḥ pratyagātmaśarīrakatvajñānapratiṣṭhārtham ahaṃgrahopāsanaṃ kartavyam.*

das verehrende Subjekt durch die „Mythisierung“ seiner selbst als „Körper“ des höchsten Ātmā und dessen „Mythisierung“ als eigentlichen Ātmā des verehrenden Subjektes in die verehrende Begegnung mit dem höchsten Selbst vermittelt, ergibt sich durch die unvermittelte Aussage *tat* (= *sarvātmakatva*) . . . *brahmaṇo 'haṃgraheṇopāsanam upadiśyate*, die nur verständlich ist, wenn das *sarvātmakatvam* als entscheidende Einsicht verstanden wird, die das Subjekt bei der Verehrung in die Gegenwart des höchsten Selbstes vermittelt, und nicht als statischer Begriff ohne Funktion für den meditativen Vorgang. Dies bestätigt sich, wenn Rāmānuja ausdrücklich sagt, daß die Verwendung des Wortes ‘Ich’ zu dem Zweck gelehrt ist, den höchsten Ātmā als den in den Blick zu bringen, dessen Körper der innere Ātmā des Menschen ist (*paramātmānusandhānārtha*), und dies mit den Worten begründet, daß, weil der ‘innere Gegenstand’ (= das ‘Ich’) letzten Endes im höchsten Ātmā seine ontologische Referenz hat, auch das Wort „Ich“ letztlich den höchsten Ātmā bezeichnet.[153] Tatsächlich scheint auch Rāmānujas Hinweis am Ende seines Kommentares zu BrSū 1, 3, 8, daß wegen der Verwendung des Wortes „Ich“ die Verehrung um der Verwirklichung der Erkenntnis willen vorzunehmen sei, daß der höchste Ātmā den „inneren Ātmā“ des Menschen zum Körper hat,[154] eine ausdrückliche Bestätigung der hier vertretenen Deutung des Textes des Śrībhāṣya zu sein. Auch fragt man sich, was denn mit dem Begriff des Antaryāmī hier über die Gegenwart des höchsten Ātmā und ihre Vermittlung in der meditativen Verehrung hinaus noch gesagt sein sollte. Die Erwähnung des Antaryāmī ergibt sich im vorliegenden Text offenbar nur deshalb, weil Rāmānuja im Zusammenhang mit dem Gedanken, daß der höchste Ātmā der eigentliche Ātmā auch der individuellen Seele (*pratyagātmā*) ist, auf den Antaryāmī-Abschnitt der Bṛhadāraṇyaka-Upaniṣad verweist. Der Begriff des Antaryāmī hat als solcher hier keine echte Funktion, sondern ist offenbar nur religiöser Ausdruck der Gegenwart des höchsten Ātmā in der innersten Subjektivität des Verehrenden.

---

[153] Vgl. *pratyagarthasya paramātmaparyavasānād ahaṃśabdo 'pi paramātmaparyavasāyī.*

[154] Vgl. *paramātmanaḥ pratyagātmaśarīrakatvajñānapratiṣṭhārtham ahaṃgrahopāsanaṃ kartavyam.*

Sudarśanasūris Zurückweisung Śaṅkaras

§ 5. Bemerkenswerter Weise geht Rāmānuja in seinem Kommentar zum Antaryāmī-Adhikaraṇa der Brahmasūtren überhaupt nicht auf Śaṅkaras Erklärung dieses Abschnittes ein. Es ist erst Sudarśanasūri, der gleichsam in einem Anhang zu seiner Erklärung zu Rāmānujas Kommentar, die im Grunde nicht über das von jenem Gesagte hinausgeht, in einer längeren Argumentation ausdrücklich auf Śaṅkaras Kommentierung von BrSū 1, 2, 18 und 20 eingeht und diese ausführlich zurückweist, wobei er sich bei dieser Zurückweisung nicht nur auf Śaṅkaras Ausführungen zu beziehen scheint:

„In diesem Abschnitt [der Brahmasūtren] wird von einigen eine vierfache Untersuchung durchgeführt, [indem sie sagen, daß der Antaryāmī] entweder eine bestimmte Gottheit ist, die sich als Erde wähnt, oder ein mit Wundermacht (*siddhi*) ausgestatteter Yogī, oder der höchste Ātmā oder etwas [unbekanntes] Anderes.[155] Dabei ist die Annahme, [er] sei etwas [unbekanntes] Anderes wegen ihrer Unmöglichkeit [von vornherein] zurückgewiesen.[156] Weil die Verbindung mit einer besonderen Herrscherlichkeit (*aiśvarya*) unterschiedslos durch ein hervorragendes *adṛṣṭa* hervorgerufen ist, und weil im Falle der Götter eine Verbindung [mit einem solchen] besteht, ist das Bedenken einer weiteren, unterschiedlichen Position[, nämlich jene einer Gottheit,] nutzlos.

Dafür, daß [der Antaryāmī] eine Einzelseele (*jīvatva*) ist, wurde das Besitzen eines Körpers und Sinnesapparates als Grund genannt.[157] Dies ist unrichtig, weil hinsichtlich [der Wesenheiten] Erde usw. angenommen wird, daß jede einzelne [sein] Körper ist, und [auch] für jedes einzelne [der Sinnesorgane] wie Auge usw. angenommen wird, daß es sein Körper ist; und weil [schon] im Ānandamaya-Adhikaraṇa der dadurch hervorgerufene Zweifel, daß es sich um die Einzelseele [handeln könnte], zurückgewiesen wurde, [und] daher der Zweifel [hinsichtlich] des Einzelseeleseins [des Antaryāmī hier] gar nicht entsteht. [Einwand: Aber] die Beziehung

---

[155] Vgl. BrSūbh p. 79, 11 ff.

[156] Diese Möglichkeit wurde auch schon durch Śaṅkara selbst ausgeschlossen. Vgl. BrSūbh p. 79, 12 ff.

[157] Vgl. BrSūbh p. 79, 18 ff.

von Dienlichem und dem, welchem es dienlich ist, die den aus den Elementen bestehenden Sinnen und dem Körper, der ein Gebilde ist, [zukommt], beweist [doch], daß der Antaryāmī] die Einzelseele ist. Wurde doch das zweite Sūtra[158] so erklärt, daß es durch [die Aussage der] Offenbarung vom ungesehenen [Seher] den Sinn hat, den Zweifel, [der Antaryāmī] könnte die Urmaterie sein, auszuschließen.[159] [Antwort:] Dies ist unrichtig. Weil zufolge des Umstandes, daß in der Aussage der Śruti 'ungesehen ist er Seher, ungehört ist er Hörer'[160] die Wörter 'ungesehen' [und] 'ungehört' von den Wörtern 'Seher' [und] 'Hörer' ausgeschaltet (*antarita?*) sind, ein Zweifel, ob die Urmaterie das Höchste sein [kann], nicht eintritt. Denn auch in einem Pūrvapakṣa [kann] der Sinn einer Aussage durch das Hören eines einzigen Wortes nicht festgestellt werden. Auch wenn die Urmaterie Ursache aller [ihrer] Modifikationen ist, kann man selbst in übertragener Bedeutung [ihr] Lenkersein nicht zweifelnd erwägen. Ist doch [beispielsweise] der Lehm bezüglich der Töpfe nicht Lenker. Daher ist die Erwähnung [des Wortes] *smārta* (*scil.* Urmaterie) [in BrSū 1, 2, 20] nur als Beispiel möglich. Eben deshalb ist [der Satz]: '*na ca smārtam ataddharmābhilāpāc chārīrāś ca*'[161] ein einziges Sūtra, das so[162] endet, weil anderenfalls sein Sinn gestört wäre. Die Störung [liegt darin, daß] ein zweifelndes Erwägen der Urmaterie [als Antaryāmī] nicht aufkommt.

Auch [der Gedanke, daß] im Falle ein Regressus wegen der Abhängigkeit auch Gottes, der der Lenker von allem ist, von einem weiteren Lenker, wie [eine solche für] die Einzelseelen, die die Lenker von Erde usw. sind, [gegeben ist], die Folge wäre, dies deswegen vermieden wird, weil es zwischen Lenker und zu Lenkendem keinen Unterschied gibt,[163] ist falsch vorgebracht, weil ein Regressus gar nicht die Folge ist. Ein Regressus ist im Falle einer rationalen Gedankenkonstruktion gegeben, nicht aber im Falle einer

---

[158] BrSū 1, 2 , 20, in Śaṅkaras Zählung I 2, 19.

[159] Vgl. BrSūbh p. 80, 9 ff.

[160] BĀU 3, 7, 23.

[161] BrSū 1, 2, 20, das Śaṅkara und seine Tradition als zwei Sūtren lesen.

[162] Nämlich *śārīrāś ca.*

[163] BrSūbh p. 80, 6 f.

Annahme zufolge der Śruti. Die Śruti verneint einen weiteren Lenker, [wenn sie sagt:] 'Es wird kein ihm gleicher oder überlegener festgestellt.'[164] Auch läßt sich nicht sagen, daß [der Regressus] durch einen Nicht-Unterschied vermieden wird, da der Regressus [gerade] durch einen Unterschied ausgelöst ist. Denn es ist unmöglich eine Beanstandung, die durch einen in der Śruti geoffenbarten Unterschied verursacht ist, durch die Konstruktion (*kalpanā*) eines mit Geoffenbartem in Widerspruch stehenden Nicht-Unterschiedes zu vermeiden.

[Übrigens,] welcher beider Nicht-Unterschied? Zunächst nicht von Erde usw. und höchstem Ātmā, weil Geistiges und Nicht-Geistiges (*jaḍājaḍa*) nicht ein und dasselbe sind. Aber auch nicht von [höchstem Ātmā und] Einzelseele, weil diese, die wie die Erde usw. als zu Lenkendes erkannt ist, nach der Maxime *tenaiva* mit dem höchsten Selbst nicht identisch sein kann, und weil für ein Bevorzugen dieser Position kein Grund besteht. Denn in beiden Fällen[165] ist die Verneinung eines Geschiedenseins (*bheda*) zufolge des 'Einen gemeinsamen Ort Habens' (*sāmānādhikaraṇya*)[166] [des höchsten Ātmā mit der Einzelseele] die gleiche. Außerdem, warum sollte nicht, da sofern Erde usw. von einem von ihr unterschiedenen Erkennen zu erleuchten ist, auch das Erkennen [seinerseits] von einem von ihm unterschiedenen Erkennen zu erleuchten [sein, und daher] ein Regressus die Folge sein, zu dessen Vermeidung die Identität von Geistigem und Ungeistigem [angenommen wird]? Wenn [man darauf sagt,] weil ein Regressus wegen des Selbstleuchtens der Erkenntnis nicht entsteht, und im Falle des 'wahren' bzw. 'falschen' Geistigen bzw. Ungeistigen ein Widerspruch des Eigenwesens (*svabhāvavirodha*) besteht. Dann ist auch die Identität von Einzelseele und Gott [logisch] unrichtig, weil zufolge des Umstandes, daß Gott der Lenker von allem, auch Herr der Seele ist, [und daher] kein anderer Lenker besteht, kein Regressus gegeben ist, und weil ein Widerspruch des Eigenwesens zwischen dem, welches des zu Meidenden fähig ist, und dem, welches dazu nicht fähig ist, be-

---

164 ŚvetU 6, 8.

165 Nämlich Einzelseele und höchster Ātmā.

166 Siehe OBERHAMMER, Materialien II, pp. 35 ff.

steht. Auch ist die Vermeidung des Regressus im Falle des Erhaltens (*dharaṇa*) usw. mitzuberücksichtigen.[167]

Außerdem wird ein Unterschied tatsächlich erkannt. Wie [sollte daher] ein Regressus vermittels des Nicht-Unterschiedes vermieden werden? – [Antwort:] In dieser Weise: Auch wenn ein Unterschied erkannt wird, ist [dieser] falsch, und nicht folgt [daher] die Identität von Geistigem und Nicht-Geistigem (*jaḍājaḍa*). Weil die zu lenkende Erde usw. [ontologisch] 'falsch' ist, ergibt sich nämlich die Falschheit des Unterschiedes (*bheda*) [zwischen] der Erde usw. und dem Höchsten. Im Falle der Einzelseele und des Höchsten [ergibt sich] die Falschheit des Unterschiedes, weil [deren] Eigenform identisch ist; und eben deshalb gibt es keinen Regressus.

Wenn [man so sagt, ist die Antwort:] Es dürfte sehr wohl einen Regressus geben, weil es auch bei der Identität von Einzelseele und Höchstem nichts gibt, das die Erwartung eines weiteren Lenkers hinsichtlich der Erde usw. wie für die Einzelseele auch für das mit dieser identische Brahma verhindern würde. Wer könnte [nämlich] die Befürchtung verhindern, daß trotz der Falschheit das Verhältnis von Lenker und zu Lenkendem, [nämlich] Erde usw. und Einzelseele, deren Zu-Lenkendes-Sein hinsichtlich Gottes nicht wirklich ist, ebenso wegen des nicht wirklichen Lenkerseins des höchsten Ātmā, dem Lenker hinsichtlich der Einzelseele, mit Bezug auf ein Anderes ein nicht wirklich Zu-Lenkendes-Sein [zukommt]?

Wenn [man sagt, daß] ein einen weiteren Lenker verneinendes Erkenntnismittel dies verhindert? [Antwort:] Dann soll [doch der Regressus] gestützt auf das Wirklichsein (*pāramārthya*) des 'Lenker-' und 'Zu-Lenkendes-Seins' vermieden werden, weil es im Falle, daß eine Ableitung zufolge einer Nicht-Aufhebung durch ein anderes Erkenntnismittel möglich ist, ein sich Stützen auf ein Aufhebendes nicht gibt.

Daher hat auch die Aussage [der Śruti:] 'Es gibt keinen anderen Seher als ihn'[168] nicht den Sinn einen tatsächlichen anderen Seher auszuschließen, [so als wäre] der höchste Ātmā zufolge eines durch das Nichtwissen (*avidyā*) vorgestellten Unterschiedes [so-

[167] Offenbar wurde ein solcher Regressus auch im Falle des Erhaltens etc. des geistigen und ungeistigen Seienden als Körper Gottes durch das als Ātmā von allem verstandene Brahma diskutiert und zurückgewiesen.

[168] BĀU 3, 7, 23.

wohl] Lenker [als auch] zu Lenkendes; sondern den Sinn, einen anderen Seher, der die Form des Lenkers hat, zurückzuweisen, weil man feststellt, daß, falls es sich um einen durch eine Bestimmung versehenen Gegenstand (*prakṛta*) handelt, die Negation eines anderen [als ihn nur] einen anderen zum Objekt hat, der ihm gleich ist. Wie sollte die Lehre [der Śruti], nachdem sie das 'Lenker-' und 'Zu-Lenkendes-Sein' usw., für das es kein anderes Erkenntnismittel gibt, positiv gelehrt hat, fähig sein, dieses zu negieren?

Wenn [man dagegen einwendet,] wie es in einem einzigen Körper zwei innere Ātmā [geben könne]?[169] – Was ist hier die Unmöglichkeit? Wenn [gesagt wird, daß] im Falle der Vielheit die Innerlichkeit [des Subjektes] verlorengeht, [ist zu fragen, ob] die Unmöglichkeit nur in der Zweiheit des innerlichen Selbstes [liegt] oder in dem einzigen Körper. Das erste ist nicht [möglich], weil man feststellt, daß alle Selbste (*ātmā*) sich selbst [im Sinne des] 'Ich' als innerlich erfahren. Das zweite ist nicht [möglich], weil man sieht, daß die Gottheiten, die sich als Auge usw. wähnen und mehrere sind, sich im Prāṇasaṃvāda[170] als innerlich erfahren[, wenn es heißt:] *ahaṃ śreyaso vivādamānāḥ*. Wenn [man hier sagt], daß die Innerlichkeit [des Ātmā] wahr, der Unterschied [jedoch] falsch [ist], [fragt man sich,] warum nicht der Unterschied wahr, die Innerlichkeit [des Ātmā jedoch] falsch ist. Denn für beides ist das Fehlen eines Aufhebenden dasselbe. Wenn [man darauf sagt,] daß die [Aussage der Śruti] 'Nicht gibt es hier eine Vielheit'[171] den Unterschied aufhebt, [fragt man sich,] warum [die Aussage der Śruti]: 'Das bist du'[172] [und] 'dieser ist der Ātmā'[173] nicht die Innerlichkeit des Ātmā aufheben sollte. Denn Gegenstand der Erkenntnis „dieser" ist ein anderer Gegenstand. Wenn [man dagegen einwendet,] die Bezeichnung (*nirdeśa*) „dieser" stehe nicht im Widerspruch mit der Innerlichkeit [des Ātmā], weil die Innerlichkeit durch Erkenntnismittel erwiesen sei, dann steht auch [die Śruti-Stelle] 'nicht gibt es hier eine Vielheit' usw. kraft der Erkenntnismittel nicht im Wi-

---

[169] BrSūbh p. 81, 14 ff.

[170] BĀU 6, 1, 7.

[171] BĀU 4, 4, 19.

[172] ChU 6, 8, 7.

[173] BĀU 2, 5, 19.

derspruch mit der Vielheit der Selbste. Daher ist dies, weil die Vielheit von der Äußerlichkeit (*parāktva*) nicht umfaßt ist, eine Scheinform einer rationalen Argumentation (*tarkābhāsa*). Daher ist [aber] der Sinn der Lehre vom Antaryāmī so, wie er [von Rāmānuja] dargelegt wurde."[174]

---

[174] ŚruP I (3) pp. 321, 29 - 323, 23: *asminn adhikaraṇe kaiścic caturdhā vicāro darśitaḥ – pṛthivyādyabhimānidevatāviśeṣo vā yogasiddho vā paramātmā vā arthāntaraṃ veti / tatrārthāntaram iti pakṣas tv asaṃbhavanirastaḥ / aiśvaryaviśeṣayogasya prakṛṣṭādṛṣṭajanyatvāviśeṣāt devatāsv eva yogasaṃbhavāc ca śirontarabhedakalpanaṃ viphalam // kāryakaraṇavattvaṃ jīvatve hetutayoktam / tad ayuktam; pṛthivyādiṣv ekaikasya śarīratvāvagamāt cakṣurādīnāṃ pratyekaṃ śarīratvāvagamāc ca, tatkṛtajīvatvaśaṅkāyā ānandamayādhikaraṇe vyudastatvāc ca tena jīvatvaśaṅkānudayāt / bhūtendriyādīnāṃ saṅghātarūpeṇa śarīreṇa upakaraṇopakaraṇitvalakṣaṇasaṃbandho hi jīvatvasādhakaḥ // adṛṣṭatvaśravaṇena pradhānatvaśaṅkāvyudāsaparaṃ dvitīyaṃ sūtraṃ vyākhyātam / tac cāyuktam; adṛṣṭo draṣṭā aśrutaḥ śrotā ityādivākye adṛṣṭāśrutādipadānāṃ draṣṭṛśrotrādipadāntaritānām eva śrūyamāṇatayā pradhānaparatvaśaṅkānudayāt / na hy ekapadaśravaṇena vākyārthanirdhāraṇaṃ pūrvapakṣe 'pi ghaṭate / pradhānasya sarvavikārakāraṇatve 'pi niyantṛtvam upacārato 'pi na śakyaśaṅkam / na hi ghaṭādīn prati mṛttikāyāḥ niyantṛtvam / ataḥ smārtopanyāso dṛṣṭāntatayaiva ghaṭate / ata eva, na ca smārtam ataddharmābhilāpāc chārīraś ca ity evam antam ekaṃ sūtram; anyathā 'rthavaighaṭyāt / vaighaṭyaṃ ca pradhānaśaṅkānudaya eva // pṛthivyādiniyantṝṇāṃ jīvānām iva īśvarasyāpi sarvaniyantur niyantrantarāpekṣayā anavasthāyāṃ prasaktāyāṃ niyantṛniyāmyayor abhedena tatparihāra ity api duruktam; anavasthāprasaṅgābhāvāt / yuktyā kalpanāyāṃ hy anavasthānam; na śrutyā 'bhyupagame / śrutiś ca na tatsamaś cābhyadhikaś ca dṛśyate ityādir niyantrantaraṃ pratiṣedhati / na cānavasthāyā bhedaprayuktatvād abhedena tatparihāra iti vācyam; śrutabhedanibandhanacodyasya śrutaviruddhābhedakalpanayā parihārānupapatteḥ // kayor abhedaḥ? na tāvat pṛthivyādeḥ paramātmanaś ca, jaḍājaḍayor aikyābhāvāt / nāpi jīvena; pṛthivyādivat niyāmyatayā 'vagatasya tasya tenaiva nyāyena paramātmanaikyāsaṃbhavāt; pakṣapātasyāhetukatvāc ca / paramātmasāmānādhikaraṇyabhedaniṣedhau hy ubhayatra samānau // kiñ ca pṛthivyādeḥ svavyatiriktajñānaprakāśyatve jñānasyāpi svavyatiriktajñānaprakāśyatvenānavasthāprasaṅgāt tatparihārārthaṃ jaḍājaḍayor aikyaṃ kiṃ na syāt / jñānasya svaprakāśatvenānavasthānudayāt mithyāsatyajaḍājaḍayos tayoḥ svabhāvavirodhāc ceti cet – tarhi sarvaniyantur īśvarasyāpi ātmeśvaratayā niyantrantarābhāvena anavasthityabhāvāt heyārhatadanarhayoḥ svabhāvavirodhāc ca na jīveśvarayor ekatvaṃ yuktam / dhāraṇādāv apy ayam anavasthāparihāro 'nusandheyaḥ // kiñ ca bhedo hi pratīyate, katham abhedenānavasthāparihāraḥ // ittham / pratīyamāno 'pi bhedo mithyā / na ca jaḍājaḍayor aikyaprasaṅgaḥ, niyāmyapṛthivyādimithyātvād hi pṛthivyādeh parasya ca bhedamithyātvam / jīvaparayos tu svarūpaikyāt bhedamithyātvam / ata eva ca nānavastheti cet, syād evānavasthā; jīvaparaikye 'pi pṛthivyādikaṃ prati jīvasyeva tadekībhūtasyāpi brahmaṇo niyantrantarākāṅkṣāyā nivārakābhāvāt / yathā pṛthivyāder jīvasya ca*

Dieser Text Sudarśanasūris ist, auch wenn er zur Lehre vom Antaryāmī nichts Neues beiträgt, in verschiedener Hinsicht nicht uninteressant. Zunächst scheint er zu bezeugen, daß die Auseinandersetzung mit Śaṅkara in der Zeit nach Rāmānuja auch in untergeordneten Fragen wichtig geworden war. Bhāskara hatte in seinem Kommentar zum Antaryāmī-Adhikaraṇa der Brahmasūtren Śaṅkara verwendet, ohne gegen ihn ausdrücklich zu polemisieren, und Rāmānuja war auf Śaṅkaras Kommentierung überhaupt nicht eingegangen. Dennoch scheint Sudarśanas Polemik gegen Śaṅkara auch dadurch motiviert zu sein, daß durch Rāmānujas Interpretation des Antaryāmī-Begriffes dieser entscheidend in Verbindung mit der grundsätzlichen Lehre vom Brahma und seiner Beziehung zur Welt gesehen wurde und diese Verbindung im Lichte der advaitischen Position nach Śaṅkara zusätzlich und verschärft in den Blick der Polemik geraten war.

Den von Śaṅkara eingeführten Pūrvapakṣa mit den vier Möglichkeiten, das mit *antaryāmin* Gemeinte zu verstehen, reduziert

---

niyantṛniyāmyabhāvamithyātve 'pi tasyeśvaraṃ prati niyāmyatvam apāramārthikaṃ saṃbhavati, tathā jīvaṃ prati niyantuḥ paramātmano 'py aparamārthaniyantṛtvād evānyaṃ prati aparamārthabhūtaniyāmyatvaśaṅkāṃ ko vārayet // niyantrantaraniṣedhakaṃ pramāṇaṃ nivārakam iti cet – yadi pramāṇabalād anavasthāparihāraḥ, tarhi niyantṛniyāmyabhāvapāramārthyam āśrityaiva sā parihriyatām; pramāṇāntarābādhena nirvāhe saṃbhavati bādhāśrayaṇāyogāt // ata eva nānyo 'to 'sti draṣṭā ity api, paramātmaivāvidyākalpitabhedena niyantā niyāmyaś ca bhavatīti na pāramārthikadraṣṭrantaraniṣedhaparam; kiṃtu niyantṛrūpadraṣṭrantaranivāraṇaparam; viśiṣṭe prakṛte sati itaraniṣedhasya tattulyetaraviṣayatvadarśanāt / kathaṃ pramāṇāntarāprāptaṃ niyantṛniyamyabhāvādikaṃ vidhāya śāstraṃ tad eva pratiṣeddhum alam // katham ekasmin śarīre pratyagātmadvitvam iti cet – kātrānupapattiḥ // bahutve pratyaktvaṃ hīyeteti cet – kiṃ pratyagātmadvitvamātre 'nupapattiḥ, utaikasmin śarīre / na prathamaḥ, sarveṣām ātmanām aham iti pratyaktayaiva svātmānubhavadarśanāt / na dvitīyaḥ; ekasmin śarīre cakṣurādyabhimāninām devānāṃ prāṇasaṃvāde ahaṃśreyase vivadamāṇā ity anekeṣāṃ pratyaktvena svātmānubhavadarśanāt // tatra pratyaktvam eva satyam, bhedo mithyeti cet, bhedaḥ satyaḥ, pratyaktvaṃ mithyā [iti?] kiṃ na syāt / ubhayor api hy abādhas tulyaḥ / neha nānāsti ityādikaṃ bhedabādhakam iti cet – tat tvam asi, ayam ātmā ityādikaṃ pratyaktvabādhakaṃ kiṃ na syāt / parāgartho hi idam buddhigocaraḥ // ayam iti nirdeśaḥ pratyaktvāvirodhī, pratyaktvasya pramāṇasiddhatvād iti cet, neha nānetyādikam api tat eva pramāṇavaśād ātmabahutvāvirodhi / ato bahutvasya parāktvavyāpyatvābhāvāt vyāptiśūnyas tarkābhāso 'yam / ato 'ntaryāmividyāyā yathokta evārthaḥ //

Sudarśanasūri wie Rāmānuja und im Grunde auch Bhāskara[175] auf die Alternative: Einzelseele oder höchster Ātmā. Der Grund dafür scheint gewesen zu sein, daß im Verständnis einer späteren Zeit die Möglichkeit, den mit außerordentlichen Kräften ausgestatteten Yogī und auch eine Gottheit[176] als Antaryāmī zu verstehen, grundsätzlich keine andere mehr war als jene einer Einzelseele.

Sudarśanasūris Argumentation gegen Śaṅkara betrifft unmittelbar dessen Widerlegung des genannten Pūrvapakṣa, zielt aber auf eine sachliche Widerlegung von Śaṅkaras Grundverständnis des *antaryāmin*-Begriffes, bei dem letztlich Lenker und zu Lenkendes in einer ontologischen Identität zusammenfallen. Zunächst greift Sudarśanasūri das von Śaṅkara im Sinne des Pūrvapakṣa vorgebrachte Argument, daß eine Gottheit der Antaryāmī sein muß, auf, wendet es im Sinne seiner Reduktion der im Pūrvapakṣa erwähnten Möglichkeiten auf die Einzelseele (*jīva*) an und widerlegt es.[177] Im Anschluß daran geht Sudarśanasūri auf Śaṅkaras Kommentierung von BrSū 1, 2, 20 ein und zeigt, daß Śaṅkara dieses Sūtra insofern falsch interpretiert, als es nicht den Zweck haben kann, die Urmaterie als Antaryāmī auszuschließen, weil es gar keinen Grund gäbe anzunehmen, die Urmaterie könnte der Antaryāmī sein, sondern die Urmaterie in Zusammenhang mit der Ausschließung der Einzelseele als Antaryāmī nur als analoger Fall erwähnt sei, womit er gleichzeitig Rāmānujas Lesung von BrSū 1, 2, 20 rechtfertigt.

Für die Auseinandersetzung mit Śaṅkara und die auf diesen zurückgehende Advaitaposition sind jedoch die grundsätzlichen Ausführungen Sudarśanasūris aufschlußreicher. Zunächst ist es das Problem des Regressus (*anavasthā*) und dessen Widerlegung durch Śaṅkara, das Sudarśanasūri aufgreift. In seinem Kommentar zu 1, 2, 18 hatte Śaṅkara nämlich einen Einwand gegen seine Auffassung des Antaryāmī kurz mit der Bemerkung abgetan: „Und der Fehler, daß es auch für diesen (= den höchsten Ātmā) einen weiteren Len-

---

[175] Auch wenn Bhāskara die Möglichkeit, den Antaryāmī als Gottheit (*devatā*) zu verstehen formal mit-erwähnt, ordnet er diese Möglichkeit letztlich dem Begriff der Einzelseele (*jīva*) unter.

[176] Falls eine solche nicht ohnehin als konkrete Erscheinungsform des einen, zentralen Gottes verstanden wurde und so mit dem Paramātmā letztlich zusammenfiel.

[177] Vgl. ŚruP I (3) p. 322, 1-4.

ker [geben müsse], ist nicht möglich, weil es einen Unterschied nicht gibt.“[178] Auf diese Bemerkung eingehend erklärt Sudarśanasūris Argumentation zunächst, wie der erwähnte Regressus, der von Śaṅkara nicht weiter erklärt wird, zu verstehen sei. Auf Grund der Analogie mit der Einzelseele als Lenker der Elemente Erde usw.[179] ergäbe sich, daß es ebenso wie für die Einzelseele, die zwar selbst Lenker der Elemente ist, dennoch des Antaryāmī als ‘Inneren Lenkers’ bedarf, auch für Gott als Lenker von allem eines weiteren ‘Inneren Lenkers’ bedürfe, und für diesen wieder eines anderen usw.[180] Sudarśanasūris Kritik wendet sich gegen Śaṅkara, der den Regressus dadurch vermeiden wollte, daß er im Sinne seines idealistischen Monismus einen Unterschied (*bheda*) zwischen der Einzelseele und dem höchsten Ātmā leugnete, damit aber implizit zugab, daß es, falls ein Unterschied bestünde, sehr wohl einen solchen Regressus geben würde.[181]

Zunächst weist Sudarśanasūri den Vorwurf eines Regressus damit zurück, daß er die formal-methodische Unmöglichkeit eines solchen nachzuweisen sucht. Für ihn ist ein Regressus nur möglich, wenn es sich um eine Erkenntnis handelt, die zufolge logisch-rationaler Überlegung zustande kommt, nicht aber bei einer Einsicht auf Grund der Offenbarung. Der Gedanke ist, trotz seiner Beiläufigkeit, wichtig. Denn er spricht den grundsätzlichen Unterschied zwischen Offenbarung als unmittelbare Erkenntnis eines Glaubensinhaltes und einer philosophischen und theologischen Erkenntnis, die durch diskursiv-rationale Überlegung gewonnen wurde, an. Nur bei dieser kann letztlich ein Denkfehler wie der Regressus möglich sein, nicht aber bei Aussagen der Offenbarung, die direkt Vermittlung einer Erkenntnis sind. Dem entspricht auch völlig Sudarśanasūris theolo-

---

[178] BrSūbh p. 80, 6.

[179] Wenn es sich um die Seele als ‘Innerer Lenker’ handelt, muß man wohl an die den Körper bildenden Elemente denken.

[180] ŚruP I (3) p. 322, 10 ff.

[181] Vgl. *tasyāpy anyo niyantety anavasthādoṣāś ca na saṃbhavati bhedābhāvāt, bhede hi saty anavasthādoṣopapattiḥ* (BrSūbh p. 80, 6 f.).

gisch-exegetische Argumentation: Im vorliegenden Falle der Hinweis, daß die Śruti einen weiteren Lenker ausdrücklich verneint.[182]

Aber Śaṅkaras Zurückweisung des Regressus ist für Sudarśanasūri auch sachlich nicht möglich: „Da der Regressus durch einen Unterschied ausgelöst wird, kann man nicht sagen, daß dessen Vermeidung durch einen Nichtunterschied erfolgt, weil es unmöglich ist, eine Beanstandung, die durch einen in der Śruti gelehrten Unterschied verursacht ist, durch die gedankliche Annahme eines mit dem Geoffenbarten in Widerspruch stehenden Nichtunterschiedes zu vermeiden."[183] Nicht, daß Sudarśanasūri deshalb den vom Gegner vorgebrachten Regressus für berechtigt hielte, dieser ist aufgrund der zuvor erwähnten Aussage der Śruti überhaupt nicht möglich; lediglich Śaṅkaras Zurückweisung, die den Vorwurf des Regressus im Grunde gar nicht entkräftet, wird von ihm in ihrer Fehlerhaftigkeit aufgezeigt. Es ist letztlich eine willkürliche Behauptung Śaṅkaras, daß es keinen Unterschied zwischen dem höchsten Ātmā und dem von ihm zu Lenkenden gäbe.

Damit bietet sich für Sudarśanasūri die Gelegenheit, Śaṅkaras Begriff des „Nicht-Unterschiedes" (*abheda*) selbst zu problematisieren, indem er zeigt, daß es weder zwischen Wesenheiten wie Erde usw. und dem höchsten Ātmā einen Nicht-Unterschied geben könne, weil Geistiges und Nicht-Geistiges nicht identisch sein können, noch auch zwischen der geistigen Einzelseele und dem höchsten Ātmā,[184] wobei er darauf hinweist, daß die Negierung eines Unterschiedes der Wesenheiten Erde usw. wie im Falle der Einzelseele dank der eigenen Lehre des „Gemeinsamen-Ort-Habens" des höchsten Ātmā sowohl mit dem geistigen wie mit dem ungeistigen Seienden, sehr wohl möglich ist, ohne daß man Śaṅkaras Begriff des Nicht-Unterschiedes akzeptieren müsse.[185]

---

[182] *śrutiś ca na tatsamaś cābhyadhikaś ca dṛśyata ityādir niyantrantaraṃ pratiṣedhati* (ŚruP I [3] p. 322, 13).

[183] *na cānavasthāya bhedaprayuktatvād abhedena tatparihāra iti vācyam; śrutabhedanibandhanacodyasya śrutaviruddhābhedakalpanayā parihārānupapatteḥ* (ŚruP I [3] p. 322, 13 f.).

[184] ŚruP I (3) p. 322, 15 ff.

[185] ŚruP I (3) p. 322, 16 f.; Zum Begriff des 'Gemeinsamen-Ort-Habens' (*sāmānādhikaraṇya*) vgl. G. OBERHAMMER, Materialien II, pp. 35 ff.

Sudarśanasūri weiß natürlich, daß Śaṅkara den höchsten Ātmā und das von diesem Verschiedene nicht in dem Sinne miteinander identifiziert, als wären beide als solche gleich wirklich, sondern daß dieser das vom höchsten Ātmā Verschiedene als nicht wirklich (*aparamārthika*) ontologisch auflöst, und daher sein Argument unter Voraussetzung von Śaṅkaras Position nicht greifen würde. Es scheint dies der Grund zu sein, warum er Śaṅkaras Lehre vom „Nicht-Unterschied" unter einem anderen Gesichtspunkt, vermutlich in Kenntnis der Lehre Vimuktātmans in Frage stellt, indem er der Irrealität des Unterschiedes (*bheda*) nachfragt. Die entscheidende Stelle lautet: „Außerdem wird doch ein Unterschied erkannt; wieso könnte ein Regressus deswegen vermieden werden, weil es keinen Unterschied gäbe? – [Antwort:] In folgender Weise. Der Unterschied, auch wenn er erkannt wird, ist [ontologisch] falsch.[186] Und [so] folgt nicht, daß Geistiges und Ungeistiges identisch sind. Denn weil das zu Lenkende wie Erde usw. [ontologisch] falsch ist, ist der Unterschied zwischen der Erde usw. und dem Höchsten falsch. Der Unterschied zwischen der Einzelseele und dem Höchsten ist jedoch deswegen [ontologisch] falsch, weil sie ihrem Eigenwesen nach identisch sind. Und eben deshalb gibt es keinen Regressus."[187]

Der advaitische Gegner gibt zu, daß der Unterschied tatsächlich erkannt wird, leugnet aber, daß ihm eine Realität im eigentlichen Sinne zukommt, wobei für ihn das Phänomen des Unterschiedes in doppelter Hinsicht irreal ist: Zwischen dem Ungeistigen und dem höchsten Ātmā ist er irreal, weil es das Ungeistige nicht wirklich gibt, und es daher keinen Unterschied zwischen diesem und dem höchsten Ātmā geben kann. Zwischen der Einzelseele und dem höchsten Ātmā ist der Unterschied deswegen irreal, weil die Einzelseele ihrem eigentlichen Wesen nach nichts anderes als der höchste Ātmā ist; das, was in beiden Fällen als Unterschied erkannt wird, ist ein Scheinphänomen, von dem man, wenn man an Vimuktātman denkt, nur sagen kann, daß es, weil es im Bewußtsein begegnet, nicht nichts sein kann, weil es aber in seinem Sein falsch (*mithyā*) ist, auch nicht sagen kann, daß es seiend ist. Auch wenn

---

[186] Vgl. dazu Iṣṭasiddhi p. 2, 18 ff., mit deren konkreter Argumentation sich Sudarśanasūri jedoch nicht auseinandersetzt.

[187] ŚruP I (3) p. 322, 21 ff.

der advaitische Gegner den *terminus technicus* nicht erwähnt, kann man schließen, daß der Unterschied (*bheda*), von dem hier die Rede ist, wie für Vimuktātman weder als ein Seiendes noch als ein Nichtseiendes bezeichnet werden kann (*sadasadanirvacanīya*).

Sudarśanasūri insistiert in seiner Widerlegung zunächst auf den Regressus, indem er zeigt, daß die Irrealität des Unterschiedes (*bheda*) die Möglichkeit eines Regressus nicht ausschließt: „[Dennoch] dürfte ein Regressus bestehen [bleiben], weil es [für Euch] nichts gibt, das die Befürchtung verhindern würde, es könnte so wie für die Einzelseele der Erde gegenüber auch für das mit dieser eins seiende Brahma einen weiteren Lenker geben. Wer könnte [nämlich] die Befürchtung verhindern, daß in derselben Weise wie der Einzelseele, auch wenn das Lenker- und Zu-Lenkendes-Sein von Erde usw. und Einzelseele [ontologisch] falsch ist, Gott gegenüber ein irreales Zu-Lenkendes-Sein zukommt, auch dem höchsten Ātmā, dem Lenker, eben weil dieser ein irrealer Lenker ist, einem [anderen] Lenker gegenüber ein irreales Zu-Lenkendes-Sein zukommt.“[188] Es gibt für den Advaitin nichts im Bereich des logischen Denkens, was den Regressus ausschalten könnte. Denn der Regressus ist wesentlich eine Denkstruktur, die mit dem Unterschied (*bheda*) arbeitet und kann durch die Behauptung der ontologischen Falschheit von unterschiedlich Seiendem in sich selbst nicht ausgeschaltet werden. Die Antwort des Advaitin auf Sudarśanasūris Vorwurf scheint die einzige Möglichkeit aufzuzeigen, durch die seiner Meinung nach die Infragestellung des Brahma als 'Innerer Lenker' durch den Vorwurf des Regressus zurückgewiesen werden kann: „Wenn [der Advaitin sagt,] daß ein [solches, den Regressus] Ausschaltendes ein Erkenntnismittel ist, das einen weiteren Lenker verneint, [ist die Antwort:] Wenn der Regressus kraft eines Erkenntnismittels ausgeschaltet wird, dann soll er doch [dadurch] ausgeschaltet werden, daß man sich auf das Wirklichsein des Lenker- und Zu-Lenkendes-Sein stützt, da man sich nicht auf Aufhebendes beziehen kann, wenn es möglich ist, dieses [Wirklichsein] ohne Aufhebung durch ein anderes Erkenntnismittel zu erweisen.“[189] Der knappe Text wird deutlich, wenn man in der Antwort Sudarśanasūris das Prinzip beachtet, das er als der Aussage des

[188] ŚruP I (3) p. 323, 6-9.

[189] ŚruP I (3) p. 323, 9 f.

Advaitins unterliegend hervorhebt: „Wenn der Regressus kraft eines Erkenntnismittels ausgeschaltet wird.“ „Erkenntnismittel“ (*pramāṇa*) kann im theologischen Kontext der Diskussion über den ‘Inneren Lenker’ und im Munde des Advaitins wohl nur eine Aussage der Offenbarung (*śruti*) sein. Doch der Advaitin hat damit grundsätzlich eingeräumt, daß der Regressus nur mit Hilfe der Erkenntnismittel ausgeschaltet werden kann. Dies bedeutet weiter, daß die Erkenntnismittel in ihrem Ergebnis gültig sind, und man daher ebenso gut die Wirklichkeit des Lenker- und Zu-Lenkendes-Sein voraussetzen kann, um den Regressus auszuschalten, vorausgesetzt, daß diese nicht durch ein anderes Erkenntnismittel, hier konkret wohl eine Aussage der Śruti, aufgehoben und so als falsch erkannt wird.

Wenn diese Deutung richtig ist, gewinnt Sudarśanasūris anschließende Interpretation von BĀU 3, 7, 23 ihre eigentliche Bedeutung im Zusammenhang mit dem eben besprochenen Text. Sudarśanasūri fährt nämlich unmittelbar an diesen anschließend fort: „Eben deshalb zielt [die Aussage der Śruti:] ‘Es gibt keinen anderen Seher als diesen’ nicht auf die Verneinung eines anderen wirklichen Sehers [in dem Sinne], daß nur der höchste Ātmā zufolge eines durch das Nichtwissen vorgestellten Unterschiedes der Lenker und [auch] das zu Lenkende wäre, sondern auf den Ausschluß eines anderen Sehers, der die Form des Lenkers hat.“ Und Sudarśanasūri begründet dies im Sinne einer methodischen Rechtfertigung folgendermaßen: „Weil man [nämlich], wenn es sich um etwas handelt, dem eine Bestimmung zukommt, feststellt, daß die Verneinung eines anderen ein mit diesem gleiches Anderes zum Gegenstand hat. Wie könnte [also] die Lehre [der Offenbarung] das Lenker- und Zu-Lenkendes-Sein usw., das durch ein anderes Erkenntnismittel nicht erlangt wird, nachdem sie dieses bejaht hat, verneinen?“[190]

Der Sinn dieser Stelle erschließt sich, falls die hier vorgelegte Deutung richtig ist, wenn man bedenkt, daß die Upaniṣadenstelle, um deren Deutung es hier geht, bei Śaṅkara im Kommentar zu BrSū 1, 2, 20 als Begründung eines Einwandes gebraucht ist, der den höchsten Ātmā als ‘Inneren Lenker’ ablehnt, weil es in einem Körper nicht zwei „Seher“ geben könne. Sudarśanasūri geht auf diesen Einwand auch tatsächlich im Anschluß an die eben zitierte Stelle

---

[190] ŚruP I (3) p. 323, 11-14.

ein. Bezeichnender Weise hat er aber die begründende Upaniṣadenstelle aus ihrem ursprünglichen Kontext gelöst und vorweg im Zusammenhang mit der Widerlegung des Regressus behandelt und ihr mit seiner Interpretation die ursprüngliche Funktion genommen, die darauf zielte entweder die individuelle Seele allein, oder den lenkenden Gott allein als 'Inneren Lenker' zu begründen. Sie stellt jetzt weder die Realität der individuellen Seele als zu Lenkendes, noch des höchsten Ātmā als Lenker in Frage, und dient nunmehr nur dem Nachweis, daß der höchste Ātmā allein realer Lenker der real zu lenkenden Einzelseele ist. Damit ist aber ihre Interpretation durch Sudarśanasūri letztlich die konkrete Durchführung der von ihm zur Vermeidung des Regressus erwähnten Bedingung: „ohne Aufhebung durch ein anderes Erkenntnismittel" (*pramāṇāntarābādhena*). Denn in der Interpretation Sudarśanasūris ist sie nicht mehr die Leugnung jedes anderen „Sehers" als den höchsten Ātmā, sondern die Verneinung, daß es einen anderen „Seher" gibt, der so wie der höchste Ātmā der 'Innere Lenker' wäre.

Den ursprünglichen Einwand von Śaṅkaras Gegner, daß es doch in einem Körper nicht zwei „Seher" geben könne,[191] bespricht Sudarśanasūri anschließend an seine Interpretation der vorgezogenen Upaniṣadenstelle.[192] Bemerkenswert ist, daß er diesen Einwand, der bei Śaṅkara als Einwand begegnet, als advaitischen Einwand gegen die Position des Viśiṣṭādvaita versteht, wenn er den Gegner argumentieren läßt: „Bei einer Vielheit [von „Sehern"] dürfte die 'Innerlichkeit' (*pratyaktva*) verlorengehen", und: „Die Innerlichkeit ist [ontologisch] wahr; [während] der 'Unterschied' (*bheda*) [ontologisch] falsch ist."[193] „Innerlichkeit" (*pratyaktva*) steht hier auf Seiten des Advaita für das niemals zum „Objekt" einer Erkenntnis werdende „Subjektsein" des bei allen Wandlungen psychischer Zustände unwandelbaren Bewußtseins, dem gegenüber im Verständnis Sudarśanasūris die Subjektivität des „Ich-Gegenstandes" (*ahamartha*) entspricht, wie Sudarśanasūris Argumentation deutlich zeigt, wenn er beispielsweise argumentiert: „Liegt nun die Unmöglichkeit

---

[191] BrSūbh p. 81, 14 -18.

[192] ŚruP I (3) p. 323, 14-22.

[193] *bahutve pratyaktvaṁ hīyeteti . . . tatra pratyaktvam eva satyam, bhedo mithyeti* (ŚruP I [3] p. 323, 14 f. und 18).

nur in der Zweizahl der inneren Selbste (*pratyagātmadvitvamātra*) oder in dem einen Körper? Nicht das erste, weil man beobachtet, daß alle 'Selbste' sich selbst eben in [ihrer] 'Innerlichkeit' (*pratyaktvayaiva*) erfahren; nicht das zweite, weil man feststellt, daß im Prāṇasaṃvāda [der Upaniṣad] die Gottheiten, die sich als Auge usw. wähnen [und die] mehrere [sind, alle] ihr Selbst erfahren[, wenn es heißt:] *ahaṃśreyase vivādamānāḥ.*"[194]

Sudarśanasūri beendet die Auseinandersetzung mit diesem zur Advaita-Position gewandelten Einwand von Śaṅkaras Gegner im Kommentar zu BrSū 1, 2, 20 im Sinne einer grundsätzlichen Auseinandersetzung mit dem Advaita, wenn auch im beschränkten Problemfeld des Antaryāmī. Dazu geht er von dessen bereits früher[195] thematisierten Grundposition aus: „Wenn [gesagt wird:] In diesem Falle ist die 'Innerlichkeit' (*pratyaktva*) [ontologisch] wahr, der 'Unterschied' (*bheda*) [aber ontologisch] falsch, [fragen wir,] warum es nicht sein könnte, daß der 'Unterschied' [ontologisch] wahr ist [und] die 'Innerlichkeit' falsch. Ist doch in beiden Fällen die 'Nichtaufhebung' (*abādha*) die gleiche: Wenn [man nämlich sagt: Die Aussage der Śruti] 'Nicht gibt es hier eine Vielheit' usw. ist ein den 'Unterschied' Aufhebendes, [fragen wir], warum [die Aussage der Śruti:] 'das bist du', [und] 'der Ātmā ist dieses' usw. nicht ein die 'Innerlichkeit' Aufhebendes ist. Denn Gegenstand der Erkenntnis 'dieses' ist ein äußerer Gegenstand. Wenn [man darauf sagt:] Der Hinweis 'dieses' widerspricht nicht der 'Innerlichkeit', weil die 'Innerlichkeit' durch Erkenntnismittel erwiesen ist, [sagen wir:] auch die [Aussage der Śruti]: 'Nicht gibt es hier eine Vielheit' usw. widerspricht eben deshalb, [nämlich] zufolge eines Erkenntnismittels, nicht der Vielheit der Selbste."[196]

Dieser Text verdient Interesse, weil Sudarśanasūri hier bei der dialektischen Ableitung des Umstandes, daß die „Nichtaufhebung" (*abādha*) sowohl für die advaitische wie auch die eigene Auffassung des Antaryāmī-Begriffes die gleiche sei, implizit den Unterschied zwischen der sprachlichen Bedeutung eines Wortes in einer Offenbarungsaussage und dem Charakter einer solchen Aus-

---

[194] ŚruP I (3) p. 323, 15 ff.

[195] ŚruP I (3) p. 323, 22 ff.

[196] ŚruP I (3) p. 323, 17-22.

sage als Erkenntnisquelle thematisiert. Nur vor dem Hintergrund dieses Unterschiedes gewinnt nämlich die Aussage des Advaitin, daß zwischen dem Hinweis „dieses", das einen äußeren Gegenstand bezeichnet, und der „Innerlichkeit" (*pratyaktva*) des Selbstes kein Widerspruch bestünde, weil die „Innerlichkeit" des Selbstes, trotz der syntaktischen Verbindung mit dem Wort „dieses" in der Aussage der Śruti unabhängig von der Offenbarung auf Grund anderer Erkenntnismittel erwiesen sei, einen guten Sinn. Im Lichte dieser Unterscheidung ist es dann Sudarśanasūri möglich, für die eigene Position zu zeigen, daß es auch für sie keinen Widerspruch mit der Offenbarung gibt, weil die Vielheit der Selbste durch andere Erkenntnismittel erwiesen[197] ist, und daher kein logischer Nexus zwischen „Vielheit" (*bahutva*) und „Äußerlichsein" (*parāktva*) bestehen könne, wie der Advaitin behauptete, wodurch dessen Argument als nicht stichhaltig aufgezeigt ist.[198] Wieso es auch tatsächlich, nicht nur formal-dialektisch, keinen Widerspruch mit der Śruti, „nicht gibt es hier eine Vielheit" usw., gibt, ist wohl nur durch die Lehre Rāmānujas zu erklären, daß Geistiges (*cid*) und Ungeistiges (*acid*) „Körper" des Brahma sind und daher zur Wirklichkeit des einen Brahma gehören.

Der Einfluß tantrischen Denkens

§ 6. Die oben[199] dargestellte Lehre Rāmānujas vom Antaryāmī ist die letzte und bedeutendste Form in der Brahmasūtren-Tradition des Viśiṣṭādvaita und bleibt auch als solche Lehrgut der Schule. Bemerkenswert ist jedoch, daß offenbar, bedingt durch Rāmānujas Ausweitung des *antaryāmin*-Begriffes auf das Brahma als Ātmā von allem, dieser Begriff mit der ihm zugrundeliegenden Vorstellung von einem 'Inneren Lenker' als einer Art eigener Wesenheit letztlich frei wurde für eine Sonderform der Lehre, die sich allem Anschein nach im Viśiṣṭādvaita der Zeit nach Rāmānuja wohl unter dem Einfluß des Pāñcarātra entwickelte.

---

[197] Vgl. dazu auch ŚruP I (3) p. 323, 10: *pramāṇāntarābādhena nirvāhe saṃbhavati bādhāśrayaṇāyogāt.*

[198] Vgl. *ato bahutvasya parāktvavyāpyatvābhāvāt, vyāptiśūnyas tarkābhāso 'yam.* ŚruP I (3) p. 323, 22.

[199] Siehe § 4.

Schon Yamunamuni (10. Jh. n. Chr.) ist trotz seiner Nähe zur Tradition der Vedāntasūtren dem Pāñcarātra so sehr verpflichtet, daß er in seinem Āgamaprāmāṇya die Offenbarungsautorität der Pāñcarātrasaṃhitās zu begründen sucht; auch Rāmānuja, der voll in der Vedāntatradition steht, erwähnt gelegentlich Pāñcarātrasaṃhitās und zeigt so, daß er mit den autoritativen Texten dieser Tradition durchaus vertraut war.[200] Doch in der Zeit nach Rāmānuja nimmt der Einfluß des Pāñcarātra auf die Glaubensvorstellungen der Rāmānuja-Schule deutlich zu; nicht in der Brahma-Lehre als solcher, wohl aber in ihrer Konkretisierung im Sinne eines religiösen Glaubens und der ihm eigenen Weltanschauung. So scheint beispielsweise die ganze mythische Vorstellung von der Entfaltung von Gottes „Schöpfungsmacht" in der Schöpfung (*vibhūti*) weitgehend aus dem Pāñcarātra übernommen zu sein. Es ist in diesem Kontext, daß sich die Lehre vom Antaryāmī abweichend von Rāmānuja in einer Sonderform, die nicht mehr im Zusammenhang mit dem Antaryāmī-Adhikaraṇa der Brahmasūtren zu stehen scheint, weiter entwickelt zu haben.

Veṅkaṭanātha (14. Jh. n. Chr.) macht in seinem Nyāyasiddhāñjana anläßlich der Erörterung von Gottes (*īśvara*) „Körper" eine nicht uninteressante Bemerkung, die hier *in extenso* wiedergegeben werden soll, weil sie, auch wenn sie den Antaryāmī nur kurz erwähnt, den völlig veränderten Kontext zum Ausdruck bringt, in welchem dieser Begriff nunmehr steht: „Daher ist es erwiesen, daß Gott (*īśvara*) usw. je nach [seinem] ewigen oder nichtewigen Wollen ewige und nichtewige Körper (*śarīra*) besitzt; und bezüglich des Körpers Gottes sind die unterschiedlichen [Körper] wie der feine (*sūkṣma*) [Körper], die Vyūhas, die 'Mächte' (*vibhava*) usw., die von den ehrwürdigen Pañcarātrins gelehrt werden, anzunehmen. [Hier] eine [kurze] Zusammenfassung: Das feine (*sūkṣma*) [Prinzip], das Vāsudeva genannt ist und nur die sechs [göttlichen] Eigenschaften zum Körper hat, ist das früher besprochene Brahma. [Dabei] ist zu beachten, daß es im Falle des höchsten [Prinzips] eine Unterscheidung von „zur Ruhe gekommen" (*śānta*) und „ewig" ge-

---

[200] Beispielsweise zitiert er Parama-, Pauṣkara- und Sātvata-Saṃhitā, doch scheint er diese Texte nur im Kommentar zum Utpattyasaṃbha-Adhikaraṇa zu erwähnen, wo das Pāñcarātra erörtert wird, und nicht als Offenbarungsgrundlage seiner eigenen Brahma-Lehre.

nannten (*nityodita*) gibt. Die Vyūhas haben die Form Vāsudevas, Saṃkarṣaṇas, Pradyumnas und Aniruddhas. [Unter diesen] hat der jeweils spätere [Vyūha] den jeweils früheren zur Ursache. Dabei treten in Vāsudeva [alle] sechs [göttlichen] Eigenschaften wie Erkenntnis (*jñāna*) usw.[201] in Erscheinung. In den drei [Vyūhas], beginnend mit Saṃkarṣaṇa, kommen durch den 'Augenaufschlag' (*unmeṣa*) von drei [jeweiligen] Paaren [göttlicher] Eigenschaften, welche zum Verkünden der Lehre, zur Reabsorption [der Welt] usw. dienlich sind, die [jeweils] vier [anderen Eigenschaften] nicht zur Erscheinung. [Dennoch] sind in allen [Vyūhas] alle diese [göttlichen Eigenschaften] vorhanden. Auch gibt es für jeden einzelnen von diesen unendlich [viele] jeweilige 'Herabkünfte' (*avāntarāvatāra*). Die verschiedenen 'Mächte' (*vibhava*) sind die zehn, beginnend mit Padmanābha und Matsya, und andere. Die verschiedenen 'Herabkünfte' (*avatāra*) im Kultbild (*arcā*) sind selbst-entstanden (*svayaṃvyakta*),[202] auf eine Gottheit (*daiva*) zurückzuführen oder einen Ṛṣi (*ārṣa*). Auch im Falle [der Herabkunft im Kultbild, die auf] eine Gottheit usw. zurückzuführen ist, muß man sich nach der [jeweiligen] spezifischen Konsekration bewußt sein, daß [diese Herabkunft] nicht der Urmaterie zugehört, [sondern] abhängig ist vom Wollen des Gnade erweisenden Herrn; es ist aber auch [seine] Verbindung mit Urmateriehaftem und Nicht-Urmateriehaftem nicht unmöglich. Wie könnten anderenfalls die Herabkünfte des Erhabenen in den urmateriehaften Welten, [oder] auch im höchsten Ort [jene] des den feinen Körper [besitzenden Herrn] vermittels des Lichtes usw. [erfolgenden], oder auch das Gehen (*gamana*) des Vaidikaputra usw. möglich sein. Im besonderen kommt dem höchsten 'Inneren Lenker', welcher gegenwärtig ist in der Mitte des Blütenstandes des Herzenslotos, die feine Herabkunft als 'Innerer Lenker' (*antaryāmyavatāra*) zu; mannigfaltig nämlich ist die Fähigkeit zu durchdringen usw., [die] wie dem Erhabenen [selbst] auch dem Körper [des Erhabenen eigen ist]."[203]

---

[201] Nämlich *jñāna, aiśvarya, śakti, bala, vīrya* und *tejas*.

[202] Diese bedürfen keiner Konsekration.

[203] NySiddh pp. 236, 29 - 237, 7: *ataḥ siddhaṃ nityānityecchābhedāt īśvarāder nityānityaśarīrādimattvam / īśvaraśarīre ca sūkṣmavyūhavibhavādibhedāḥ śrīmatpañcarātrādibhiḥ prapañcitā avagantavyāḥ / saṃgrahas tu sūkṣmaṃ kevalaṣāḍguṇyavigrahaṃ vāsudevākhyaṃ paraṃ brahma pūrvoktam /*

Dieser Text ist zunächst deshalb von Bedeutung, weil er ein Beleg dafür ist, daß die Lehre von den „körperhaften Gestalten“ Gottes für Veṅkaṭanātha eindeutig Lehrgut des Pāñcarātra ist, das er bewußt in die Lehre der eigenen Schultradition übernimmt. Bemerkenswert ist, daß der Antaryāmī hier jedoch nicht als eigenständige Wesenheit erscheint, sondern unter die „Körper“ Gottes subsumiert ist. Dies wird durch die Bemühung Veṅkaṭanāthas deutlich, zu zeigen, daß auch der „Körper“ Gottes, so wie der Erhabene selbst, die Fähigkeit hat, alles zu durchdringen, und dazu eine Reihe von Aussagen Rāmānujas aus dessen Kommentar zur Bhagavadgītā beibringt.[204] Hier ist der Antaryāmī der Vedāntasūtren offenbar im Sinne einer Verkörperung des Gottes analog zu den verschiedenen anderen Formen des welthaften Wirkens des höchsten Gottes, wie Vyūhas, Vibhavas und andere verstanden. Dieser Umstand legt nahe, daß die Vorstellung des Antaryāmī vom Pāñcarātra aus der Vedāntatradition der Rāmānuja-Schule übernommen wurde und dem Verständnishorizont des Pāñcarātra entsprechend als eine der körperhaften „Konkretisierungen“ (*vigraha*) des Gottes rezipiert wurde.

Der Begriff des Antaryāmī scheint nämlich als solcher im Pāñcarātra der älteren Zeit nicht vorzukommen.[205] In der Jayākhyasaṃhitā wird der Begriff des *antaryāmin* im vierten Paṭala zwar an zwei Stellen erwähnt, doch könnte es sich bei diesem um ein jüngeres Stratum des Textes handeln. Denn der ganze vierte Paṭala

---

parasminn eva śāntoditanityoditavibhāgo 'pi vibhāvyaḥ / vāsudevasaṃkarṣaṇapradyumnāniruddharūpo vyūhaḥ / uttarottaraḥ pūrvapūrvakāraṇakaḥ / tatra vāsudeve jñānādiguṇāḥ ṣaḍ apy āvirbhūtāḥ / saṃkarṣaṇādiṣu triṣu śāstrapravartanasaṃhārādyaupayikaguṇadvandvatrayonmeṣeṇa catuṣkam anāvirbhūtam / sarve te sarvatra santy eva / eṣāṃ ca pratyekam avāntarāvatārā anantāḥ / padmanābhamatsyādidaśakādayo vibhavabhedāḥ / svayaṃvyaktadaivārṣādayas tu arcāvatārabhedāḥ / daivādiṣv api viśiṣṭapratiṣṭhānantaraṃ prasādonmukheśvarasaṃkalpādhīnam aprākṛtatvam anusandheyam / prākṛtāprākṛtasaṃsargo 'pi nānupapannaḥ / anyathā prākṛtalokeṣu bhagavadavatārāḥ, paramapade 'py arcirādimārgeṇa sūkṣmaśarīrasya, vaidikaputrāder vā gamanaṃ kathaṃ ghaṭeta? hṛtpadmakarṇikāmadhyagatasyāntaryāmiṇaḥ parasya viśeṣataḥ sūkṣmāntaryāmyavatāraḥ / vicitrā ca bhagavata iva vigrahasyāpi vyāptyādiśaktiḥ /

204 NySiddh p. 237, 6 ff.

205 Er kommt jedenfalls in der Parama- und der Sātvatasaṃhitā nicht vor.

scheint jünger als die Beschreibungen des Rituals zu sein.[206] Darüber hinaus aber macht das Verständnis des *antaryāmin*-Begriffes an diesen beiden Stellen einen eher sekundären Eindruck. Der Text lautet: „Dieser ist, fürwahr, die tragende Stütze aller Götter, der höchste Herr. Er ist wie der Himmel für die Sterne der 'Innere Lenker' (*antaryāmin*). Wie das brennholzgenährte Feuer, Du Zweimalgeborener, eine Fülle von Funken versprüht ohne [dazu] eines Wollens zu bedürfen, so treibt der höchste Gott die Seelen, die von früher her durch die Residuen [der Werke] gebunden sind, [zur Wiedergeburt], um die Bindung zu vernichten . . ."[207] Eine zweite Stelle im selben Kontext lautet: „Dieser ist der 'Innere Lenker' (*antaryāmin*), dessen Wesen Leuchten (*prakāśa*) ist. Dieser west geistförmig (*cidrūpa*) in [dieser] Dreiheit [von *pumān, satya* und *acyuta*]; er, der in dieser Form immer schon wunschlos hervorgegangen ist. Alle diese [drei] gehen auseinander hervor, ohne [dazu] in ihrem Wesen eines Wollens [zu bedürfen]."[208]

Hier scheint der Terminus *antaryāmin* nicht jenen 'Inneren Lenker' zu bezeichnen, der in allen Wesen und Wesenheiten diese trägt und lenkt, sondern nur auszudrücken, daß Vāsudeva das geistförmige 'Wesen' der drei anderen Vyūhas, nämlich *pumān, satya* und *acyuta,* vielleicht auch anderer Formen des Gottes ist,[209] und daß dieser 'Innere Lenker' dieser göttlichen Formen die individuellen Seelen ins Dasein des Wesenskreislaufes treibt (*prerayati*), um

---

[206] Vgl. MARION RASTELLI, Philosophisch-theologische Grundanschauungen der Jayākhyasaṃhitā mit einer Darstellung des täglichen Rituals. (Unpublizierte Dissertation), Wien 1997, pp. 19 f.

[207] JS 4, 8-10b:
sa ca vai sarvadevānāṃ āśrayaḥ parameśvaraḥ |
antaryāmī sa teṣāṃ vai tārakāṇāṃ yathā 'mbaram ||
sendhanaḥ pāvako yadvat sphuliṅganicayaṃ dvija |
anicchataḥ prerayati tadvad eṣa paraḥ prabhuḥ ||
prāgvāsanānibaddhā ye jīvās tān bandhaśāntaye |

[208] JS 4, 14cd-15:
so 'ntaryāmī prakāśātmā cidrūpas sa pratiṣṭhitaḥ ||
tritaye yas tathārūpo 'nicchāta uditas sadā |
asaṅkalpātmakās sarve prasaranti parasparam ||

[209] Vgl. *sa ca vai sarvadevānām āśrayaḥ parameśvaraḥ | antaryāmī sa teṣāṃ vai* (JS 4, 8) und *so 'ntaryāmī . . . tritaye yas tathārūpo . . . uditas sadā* (JS 4, 14ab-15ab).

sie von den Bindungen des Karma zu befreien. Er scheint jedenfalls nicht der 'Lenker' im Inneren der Wesen zu sein wie im Vedānta, auch wenn die Bezeichnung *antaryāmin* ohne die Tradition des Vedānta kaum denkbar ist. Die Verwendung des Begriffes in der Jayākhyasaṃhitā scheint weder dem Begriff des *antaryāmin* der Vedāntatradition voll zu entsprechen, noch der von Veṅkaṭanātha erwähnten Vorstellung vom *antaryāmyavatāra*, vielmehr scheint der Begriff des *antaryāmin* an diesen Stellen eher eine „abgesunkene", uneigentliche Bedeutung zu haben.

Dennoch begegnet in der Jayākhyasaṃhitā sehr wohl die Vorstellung einer feinen Form des höchsten Gottes, in der dieser im Herzen der Menschen anwesend ist, wie beispielsweise die folgenden Stellen zeigen, die diese Vorstellung klar bezeugen, ohne jedoch eine ausführliche Darstellung dieser Lehre zu geben, noch auch den Begriff des *antaryāmin* selbst zu verwenden: „Verehrung Dir, dem höchsten Ātmā (9), dessen Wohnung der Herzenslotos im Innern [des Menschen] ist, [und der dennoch] im höchsten Himmel weilt."[210] „Weit weg und ebenso im Herzen weilend ist der höchste Ātmā, der höchste Herr (66); von den Wesen ungeschieden wird er von ihnen geschieden erfahren."[211] „Schöpfer, Bewahrer und wiederum Zerstörer bin ich dank meiner Sammlung im Yoga durch meine grobe Form, Nārada (23). In meiner feinen Form wohne ich im Herzen aller Wesen und erweise Gnade den mir anhangenden, deren Ātmā geläutert ist (24)."[212] Und: „Der Herr über Urmaterie und Seele, der [die Größe] eines Hundertstels einer Haarspitze hat, ist der Genießer der Guṇas, der Träger der Guṇas, der, Eigenschaften besitzend, dennoch ohne Eigenschaften ist (25). Er ist als der

---

[210] JS 2, 9d-10b:

... namas te paramātmane /
hṛdambujaguhāvāsaparavyomāntaraśāyine.

[211] JS 4, 66c-67b:

dūrasthitas tathā hṛtsthaḥ paramātmā paraḥ prabhuḥ //
bhūtebhyaś cāvibhaktaṃ tadvibhaktam upalabhyate.

[212] JS 4, 23-24:

sraṣṭā pālayitā cāhaṃ saṃhartā punar eva ca /
svakīyayogayuktyā tu sthūlarūpeṇa, nārada //
sūkṣmeṇa sarvabhūtānāṃ nivasāmi hṛdantare /
karomy anugrahaṃ cāpi bhaktānāṃ bhavitātmanām.

Herr (*īśvara*) im Körper bekannt, der Herrscher, der alle Götter ist. Er weilt in allen Körpern als daumengroßes Wesen (*puruṣa*) (26).“[213] All dies erinnert typologisch an die Lehre der Subāla-Upaniṣad von der Anwesenheit Nārāyaṇas in der Höhle des Herzens im Innern des Körpers, auch wenn dort von keinen „Gestalten“ Nārāyaṇas die Rede ist.

In Verbindung mit dem *antaryāmin*-Begriff der Vedāntatradition und der Avatāra-Vorstellung scheint sich dann in der Rāmānuja-Schule nach Rāmānuja die Vorstellung vom Antaryāmī-Avatāra herausgebildet zu haben, deren Entstehung aus der Verbindung der Schule mit dem Pāñcarātra von Veṅkaṭanātha bezeugt wird.

Die Lehre selbst begegnet in der erhaltenen Literatur erstmals(?) in der Yatīndramatadīpikā des Śrīnivāsadāsa (16. Jh. n. Chr.?), der sie wie Veṅkaṭanātha im Kontext seiner Erörterung von Gottes (*īśvara*) „Körpern“ (*pañcaprakāra*)[214] auch inhaltlich kurz andeutet: „Das Antaryāmī-Sein [Gottes] ist [dessen] Gestalt (*rūpa*), in welcher er von den Yogīs zu sehen ist [und] als Freund (*suhṛt*) der individuellen Seele (*jīvātmā*), selbst im Zustand der Erfahrung des Himmels oder der Hölle usw., im Herzen [des Menschen] weilt. Wenn er auch zusammen mit der individuellen Seele vorkommt, ist er [dennoch] nicht von deren Fehlern berührt.“[215] Auch hier handelt es sich um eine körperhafte „Konkretisierung“ (*rūpa*) des höchsten Gottes, wie Śrīnivāsadāsa ausdrücklich sagt,[216] mit einer für diese spezifischen Funktion; einerseits ist der höchste Gott in dieser Form von den Yogins in ihren Herzen zu schauen, wie dies im Yoga des

---

[213] JS 12, 25-26:
vālāgraśatabhāgaśca pradhānapuruṣeśvaraḥ /
guṇabhoktā guṇādhāro guṇavān nirguṇas tathā //
deheśvaras sa vikhyātas sarvadevamayaḥ prabhuḥ /
aṅguṣṭhamātraḥ puruṣas sarvadeheṣu tiṣṭhati.

[214] Nämlich *para, vyūha, vibhava, antaryāmī* und *arcāvatāra* (YMD p. 40, 14).

[215] YMD p. 42, 1-3: *antaryāmitvaṃ nāma svarganarakādyanubhavadaśāyām api jīvātmanaḥ suhṛttvena yogibhir draṣṭavyatayā hṛdayapradeśāvasthitaṃ rūpaṃ. jīvena sākaṃ vidyamāno 'pi tadgatadoṣair asaṃspṛṣṭo vartate.*

[216] Vgl. *ataḥ sṛṣṭhisthitisaṃhārakartā ca bhavati. evaṃprakāra īśvaraḥ paravyūhavibhavāntaryāmyarcāvatārarūpeṇa pañcaprakāraḥ* (YMD p. 40, 13 ff.).

Pāñcarātra gelehrt wird, andererseits ist der höchste Gott in Form des Antaryāmī im Herzen des Menschen als „Freund“ (*suhṛt*) gegenwärtig, und zwar auch in Extremsituationen des Wesenskreislaufes, wie Himmel und Hölle; denn auch der hier gemeinte Himmel (*svarga*) scheint ein Element des Saṃsāra zu sein. Hier wird die Vorstellung vom Antaryāmī zum religiösen Ausdruck des *bhakti*-geprägten Vertrauens in den höchsten Gott, der den ihm Anhangenden offenbar auch dann noch nahe bleibt, wenn diesen sein Karma in den Himmel oder in die Hölle führt. Es scheint diese Vorstellung vom Antaryāmī gewesen zu sein, die auch in der späteren Zeit in der Theologie der Rāmānuja-Schule die vorherrschende geblieben ist. Denn sie findet sich beispielsweise auch in Nārāyaṇamunis Tattvatraya (17. Jh. n. Chr.?) in ähnlicher Form[217]:

„Der Herr von allem (*sarveśvara*) ist es, der Ursache der gesamten Welt ist.“[218] „Da Er keine Ursache hat, tritt er nicht ins Dasein zufolge des Hinzukommens des Nichtwissens (*avidyā*) und der Nötigung durch das Karma usw. (*karmaniyogādi*); vielmehr ist das aus eigenem Wunsche dank seines Wollens Gewirkte [und] dessen Frucht bloßes ‘Spiel’ (*kevalalīlā*). Wenn [man sagt,] ‘bei der Vernichtung [der Welt] hört dieses auf, [so trifft dies] nicht [zu], weil auch diese [für Ihn nur] Spiel ist. [Auch] ist nur Er wegen seiner Umwandlung (*pariṇāma*) in Form der Welt Materialursache (*upādāna*) [der Welt]. Wenn [man dagegen sagt,] ‘dann ergäbe sich ein Widerspruch zu [den Aussagen] der Śruti, die seine Unveränderlichkeit [lehren],’ [so trifft dies] nicht [zu], weil keine Umwandlung [seiner] Eigenform (*svarūpapariṇāma*) angenommen wird. Wie ist [aber dann seine] Umwandlung zur Welt [möglich]? Antwort: Weil für das durch Geistiges[219] und Ungeistiges bestimmte Brahma

---

[217] Die folgende Darstellung Nārāyaṇamunis entspricht mehr oder weniger wörtlich jener in Piḷḷai Lokācāryas Tattvatraya und zum Teil Varavaramunis Kommentar dazu. Vgl. Tattvatrayabhāṣya pp. 121-144.

[218] *sarveśvara eva sakalajagatkāraṇabhūtaḥ* (Tattvatraya[1], p. 82, 26).

[219] Siehe Tattvatraya[1] p. 78, 5-7: „Mit ‘Geistiges’ (*cit*) ist der Ātmā [der Wesen] gemeint. Der Ātmā ist von Körper, Sinnen, Manas, Lebensatem und Erkenntnisorgan unterschieden. Er ist nicht unbewußt (*ajaḍa*), er ist wonnehaft, ewig, atomklein, ohne Entfaltung (*avyakta*), er ist nicht Gegenstand der Reflexion (*acintya*), er ist ohne Teile usw., [aus sich] ohne Veränderung, er ist das Substrat des Erkennens; er ist das von Gott zu Lenkende (*niyamya*), zu Tragende [und] das [dessen] Rest Seiende (*śeṣabhuta*).“ (*cidityātmocyate / ātmā*

bei der Umwandlung des Bestimmenden (*scil. cid* und *acid*) eine Umwandlung des Bestimmten (*scil.* Brahma) möglich ist. 'Schöpfung' (*sṛṣṭi*) ist die Umwandlung des Ungeistigen (*acetana*) in seiner Eigenform (*svarūpapariṇāma*); und die Umwandlung (*pariṇāma*) des Geistigen sind die Modifikationen (*vikāra*) des Geistigen, die durch Gewährung der [verschiedenen] Fähigkeiten (*śakti*) [eintreten]. Das 'Bestehen' (*sthiti*) [der Schöpfung] ist Bewahren (*rakṣākaraṇa*) [der Schöpfung] in jeder Hinsicht, nachdem [Gott] in die geschaffenen Dinge eingegangen ist. Die 'Vernichtung' [der Schöpfung] ist das Vergehen aller anderen Dinge und das Absondern (*vaidhuryakaraṇa*) des Geistes von den Sinnen (*karaṇa*) und dem Körper. Dies (*scil.* Schöpfung usw.) ist [jeweils] vierfach.[220]

---

dehendriyamanaḥprāṇabuddhivilakṣaṇaḥ / ajaḍānandarupo nityo 'ṇur avyakto 'cintyo niravayavo nirvikāro jñānāśraya īśvarasya niyamyo dhāryaḥ śeṣabhūtaś ca /

[220] Die Darstellung geht offenbar auf Viṣṇupurāṇa 1, 22, 23-33 zurück:
caturvibhāgaḥ saṃsṛṣṭau caturdhā saṃsthitaḥ sthitau /
pralayaṃ ca karoty ante caturbhedo janārdanaḥ //23//
ekenāṃśena brahmāsau bhavaty avyaktamūrtimān /
marīcimiśrāḥ patayaḥ prajānāṃ cānyabhāgataḥ //24//
kālas tṛtīyas tasyāṃśaḥ sarvabhūtāni cāparaḥ /
itthaṃ caturdhā saṃsṛṣṭau varttate 'sau rajoguṇaḥ //25//
ekāṃśena sthito viṣṇuḥ karoti paripālanam /
manvādirūpaś cānyena kālarūpo 'pareṇa ca //26//
sarvabhūteṣu cānyena saṃsthitaḥ kurute sthitim /
sattvaṃ guṇaṃ samāśritya jagataḥ puruṣottamaḥ //27//
āśritya tamaso vṛttim antakāle tathā prabhuḥ /
rudrasvarūpo bhagavān ekāṃśena bhavaty ajaḥ //28//
agnyantakādirūpeṇa bhāgenānyena varttate /
kālasvarūpo bhāgo 'nyas sarvabhūtāni cāparaḥ //29//
vināśaṃ kurvatas tasya caturdhaivaṃ mahātmanaḥ /
vibhāgakalpanā brahman kathyate sarvakālikī /30//
brahmā dakṣādayaḥ kālas tathaivākhilajantavaḥ /
vibhūtayo harer etā jagataḥ sṛṣṭihetavaḥ //31//
viṣṇur manvādayaḥ kālas sarvabhūtāni ca dvija /
sthiter nimittabhūtasya viṣṇor etā vibhūtayaḥ //32//
rudraḥ kālāntakādyāś ca sanastāś caiva jantavaḥ /
caturdhā pralayāyaitā janārdanavibhūtayaḥ //33//

Janārdana ist vierfach bei der Entstehung [der Welt] (*saṃsṛṣṭau*), auf vierfache Weise west er bei Bestehen [der Welt] und am Ende wirkt er vierfach unterschieden das Vergehen (*pralaya*) [der Welt] (23). Mit einem Teil [seiner selbst] ist dieser, der [selbst] eine unmanifeste Form hat, Brahmā. Einem ande-

Bei der Schöpfung (*sṛṣṭi*) schafft Er als Innerer Lenker (*antaryāmin*) des viergesichtigen [Gottes Brahmā], der neun Prajāpatis, der Zeit [und] aller Lebewesen, nachdem er sich mit dem Guṇa 'Rajas' [der Urmaterie] verbunden hat (*rajoguṇayukta*). Beim Erhalten (*sthiti*) [der Schöpfung] wirkt Er, versehen mit dem [Guṇa] Sattva, als innerer Lenker der Zeit und aller Lebewesen [ihren] Bestand (*sthiti*), nachdem er in Form des Viśva usw. herabgestiegen ist (*avatīrya*) und durch den Mund Manus usw. die Lehre (*śāstra*) verkündet und den rechten Weg gezeigt hat. Bei der Vernichtung (*saṃhāra*) [der Schöpfung] vernichtet Er, der innere Lenker aller Wesen, der sich mit dem Guṇa 'Tamas' [der Urmaterie] verbunden hat, [diese] als Rudra, Agni und Tod usw. Wenn [man hier einwendet,] daß Er, indem Er gewisse [Wesen] als glückliche und gewisse als unglückliche ins Dasein treten läßt, [in ungerechter Weise] ungleich [handelt] usw., [ist die Antwort:] das ungleiche Behandeln ist kein Fehler, weil es das Ergebnis des Karma eines jeden [einzelnen Wesens] ist. Wie eine kluge Mutter die Zunge des Kleinen, wenn es Lehm ißt, mit etwas versieht[, das es davor bewahrt], und [dies] nicht tut, um ihm Schaden zuzufügen (conj. *pareṇa*), wirkt Er in

---

ren Teil nach ist [er] Marīci [und] die Herren der Geschöpfe (*patayaḥ prajānām*) (24). Die Zeit ist dessen dritter Teil und alle Wesen sind [nochmals] ein anderer. In dieser Weise wirkt dieser [in Verbindung mit dem] Rajas-Guṇa vierfach bei der Schöpfung (25). Als Viṣṇu, der durch einen Teil [Janārdanas] gegeben ist, wirkt er die Erhaltung [der Welt]; und durch einen [anderen] Teil (*aṃśa*) in der Form Manus usw., durch [wieder] einen anderen in Form der Zeit (26) und durch [noch] einen anderen in allen Wesen gegenwärtig, wirkt er den Bestand (*sthiti*) der Welt, gestützt auf Sattva, er, der Puruṣottama (27). Ebenso gestützt auf das Tamas [ist] er, zufolge eines Teiles [seiner selbst], am Ende der Zeiten der Erhabene in der Eigenform Rudras er der unentstandene (28), und mit Hilfe eines anderen Teiles west er in Form des Feuers und des Todes usw.; der Teil, welcher die Eigenform der Zeit hat, ist ein anderer [und] alle Wesen [noch einmal] ein anderer (29), wenn er in dieser Weise vierfach die Weltvernichtung wirkt. Von der Unterschiedlichkeit des hohen Wesens wird gesagt, daß sie die ganze Zeit über besteht (30) (d. h. wohl: in jeder Schöpfungsperiode; vgl. Śrīviṣṇucittīyam zu diesem Vers). Brahmā, Dakṣa etc., die Zeit und ebenso alle Wesen (*jantavaḥ*), diese Vibhūtis Haris sind die Ursachen der Schöpfung (31). Viṣṇu, Manu usw., die Zeit und alle Wesen (*sarvabhūtani*), Du Zweimalgeborener, diese sind die Vibhūtis Viṣṇus, der Ursache des Bestehens (*sthiti*) [der Welt] ist (32). Rudra, die Zeit, der Tod usw. und die Gesamtheit der Wesen (*jantavaḥ*), diese sind die Vibhūtis Janārdanas, zum Zweck der vierfachen Auflösung [der Welt] (33).

einer spezifischen körperlichen Form (*vigrahaviśiṣṭa*) die Schöpfung usw. [Diese] körperliche Form wird überaus geliebt wegen der Eigenschaften seines Eigenwesens, sie ist ihm selbst entsprechend, ewig und von einer einzigen [bleibenden] Form; sie besteht aus reinem Sattva, bringt das Eigenwesen (*svarūpa*) des göttlichen Ātmā zur Erscheinung, hat die [Erscheinungs-]Form unendlichen Glanzes, wird von den ewig emanzipierten [Wesen] geschaut (conj. *-anubhavyaḥ*), nimmt alles Leid hinweg, ist von den „Blüten" beständiger (conj. *naita-* : *naitya*) Avatāras bedeckt, ist Beschützer von allem, die Stütze von allem und ist mit [seinem] Zierat und [seinen] Waffen geschmückt.

Die Form Gottes ist fünffach,[221] [nämlich] zufolge [seiner] Form als Höchster (*para*), Vyūha, Vibhava, Antaryāmī und Arcāvatāra. [Seine Form als] Höchster ist sein Eigenwesen in der ewigen Vibhūti, das von den ewig emanzipierten [Wesen] geschaut werden kann. Der Vyūha ist sein Zustand als Saṃkarṣaṇa, Pradyumna und Aniruddha zum Zwecke der Schöpfung, Erhaltung und Vernichtung [der Welt], zum Zweck, den Wesenskreislauf [in Gang] zu halten und zum Zweck, den Verehrern Gnade zu erweisen. Im Höchsten (conj. *pare* für *param*)[, nämlich] Vāsudeva, sind [die göttlichen Eigenschaften] 'Erkenntnis' (*jñāna*), 'Kraft' (*śakti*), 'Macht' (*bala*), 'Herrscherlichkeit' (*aiśvarya*), 'Energie' (*vīrya*) und 'Glanz' (*tejas*) voll [entfaltet]. Im einzelnen Vyūha kommen [jeweils nur] zwei [dieser] Eigenschaften zur Erscheinung.[222] Saṃkarṣaṇa, der im Besitz von 'Erkenntnis' (*jñāna*)[223] und 'Macht' (*bala*) ist, [wirkt?] mittels des 'Seeleseins' (*jīvatvam ādhiṣṭhāya*)[224] . . . [verkündet] die Lehre vom Dharma und schafft die Gruppe der 'reinen Wesen', beginnend mit den vier Manus.[225] Aniruddha aber wirkt im Besitz von 'Kraft' (*śakti*) und 'Glanz' (*tejas*) das Bewahren, das Verleihen wahrer Erkenntnis, das Hervorgehen der Zeit und die 'vermischte

---

[221] Vgl. zum folgenden Tattvatrāya^2 97 f.

[222] Das *na* des Manuskriptes ist zu tilgen.

[223] *jñāna* fehlt im Manuskript.

[224] Anspielung auf die alte Gleichsetzung von Saṃkarṣaṇa und Jīva. Im folgenden fehlt ein Teil der Darlegung Pradyumnas. Vgl. Tattvatraya^2 *ibid.*

[225] Der Text ist wohl nach Tattvatraya^2 102 als *dharmopadeśaṃ manucatuṣṭayaprabhṛtiśuddhavargasṛṣṭiṃ ca karoti* zu konjizieren.

Schöpfung'. Der Vibhava ist zahllos (*ananta*) und durch den Unterschied von primär und sekundär unterschieden.[226] . . . Auch die sekundäre [Form der Vibhavas] geht, wie das Menschsein usw., auf den Willen [Gottes zurück] und ist nicht durch [dessen] Eigenform bedingt. Die [primären?] Vibhavas sind nicht materiehafte, konkrete Formen [Gottes], [und] besitzen [dessen?] Eigenwirklichkeit (*svabhāva*), die sie nicht aufgeben wie Licht, das an einem Licht entzündet wurde. Die primären Manifestationen (*prādurbhāva*) sind vom Erlösungsuchenden zu verehren. Die sekundären Manifestationen [Gottes] haben die Form Brahmas (Vidhi), Śivas, Agnis (Pāvaka), Vyāsas, Jāmadagnis, Arjunas, Vitteśas (Kubera?) usw. [Diese] sind, da sie das mit einem Ahaṃkāra verbundene Sein eines Lebewesens zum Substrat haben, von den nach Emanzipation Strebenden nicht zu verehren. [Auch] gibt es Unterschiede [wie] jene [Form], die 'ewig' genannt wird, jene, die 'zur Ruhe gekommen' genannt wird usw. Die Vierheit, die als Wachzustand usw. bezeichnet wird, die anderen Gestalten [Gottes] wie Keśava usw., die sechsunddreißig Vibhavas, beginnend mit Padmanābha,[227] die besonderen Herabkünfte wie Upendra, Trivikrama, Dadhibhakta, Hayagrīva, Nara-Nārāyaṇa, Hari, Kr̥ṣṇa, Matsya, Kūrma, Varāha usw.; deren jeweilige verschiedene [Zahl der] Arme, die Insignien (*ayudha*), die Farbe, Gestalt, Funktion und Stand legen wir nicht im Detail dar, weil sie schwer zu bestimmen sind (*duravadhitva*) und überaus geheim sind. [Sie] sind nur für jene leicht zu kennen, die sich um [das Studium] des Pāñcarātra besonders mühen. Ursache der Herabkünfte (*avatāra*) [des Gottes] ist aber das von seinem Wunsch motivierte Beschützen der Guten, das Vernichten der Übeltuer und das Festigen des Dharma. Und man darf nicht sagen, daß die aus den Purāṇas bekannte Ursache eines Herabstieges[, wenn gesagt ist], daß Bhr̥gu durch einen Fluch usw. [in dieser Form] geboren wurde, 'Karma' sei. Dort ist der Fluch lediglich der Vorwand [des Herabstieges. Aber] auch, weil die Herabkunft von den zu [ihm] Zufluchtnehmenden begehrt wird [und dies] von ihnen kundgetan wird, ist [dieser Einwand] vermieden.

---

[226] Hier scheint die Darlegung der primären Vibhavas zu fehlen. Vgl. Tattvatraya[2] *ibid.*

[227] *-padānāmādi-* zu conj. in *-padmanābhādi.*

[Sein] Antaryāmī-Sein ist das Lenkersein, wenn er [ins Innere] eingegangen ist. [Als Antaryāmī-Avatāra] weilt er in [allen] Situationen [des Wesenskreislaufes] wie Himmel und Hölle usw., zum Helfer aller geistigen Wesen geworden, versehen mit einem Körper, der Sitz von Heil und Wohlergehen (*śubhāśraya*) ist, zum Zweck der Meditation und des Schutzes, [sich selbst] in Bindung begeben habend, im Lotos des Herzens.

Als Arcāvatāra enthält er sich aber, wenn er vermittels einer [beliebigen] von den geistigen Wesen gewünschten Substanz einen Körper angenommen hat und nicht wie im Falle der Vibhāvas frei von Nötigung von Zeit und Ort usw. anwesend wurde, der Beleidigungen nicht achtend, anderswo jeder Tätigkeit. Im Arcāvatāra ist die Fülle des Erweckens [frommer] Zuneigung, des Heil und Wohlergehen Begründens und des Schützens aller Wesen; in der Verkehrung der Beziehung von Herr und Diener[228] ist er wie ungeistig und unfrei [und] kümmert sich, aus unbegrenztem Mitleid in der Gewalt des anderen, selbst in diesem Zustand um jeden[, der sich ihm naht]."[229]

---

[228] conj. *svasvāmisaṃbandha-*

[229] Tattvatraya[1] pp. 83, 3 - 84, 14: *asya kāraṇābhāvād avidyākarmaniyogādy āpattyā na bhavati / kin tu svecchayā svasaṃkalpakṛtaṃ tasya phalaṃ kevalalīlaiva / saṃhāre līlā bhagneti cen na, tasyāpi līlātvāt / asyaiva jagadākāreṇa / pariṇāmād upādānatvaṃ ca / tarhi nirvikāraśrutivirodha iti cen na / svarūpapariṇāmānabhyupagamāt / tarhi jagatpariṇāmaḥ katham iti cet ucyate cidacidviśiṣṭasya brahmaṇo viśeṣaṇapariṇāme viśiṣṭapariṇāmasyopapannatvāt / sṛṣṭir nāma acetanasya svarūpapariṇāmaḥ / cetanapariṇāmaś cetanasya śaktipradānapūrvavikārāś ca / sthitis tu sṛṣṭavastuṣu praviśya sarvavidhaṃ rakṣākaraṇam, saṃhāras tu sarvaviṣayāntarapravaṇacetanakaraṇakalevaravaidhuryakaraṇam / etac ca caturvidhaṃ bhavati / sṛṣṭau caturmukhasya navaprajāpatīnāṃ kālasya sakalajagatāṃ cāntaryāmī rajoguṇayuktaḥ sṛjati / sthitau viśvādirūpeṇāvatīrya manvādimukhena śāstrapravarttanaṃ kṛtvā sanmārgaṃ pradarśya kālasya sakalabhūtānāṃ cāntaryāmī sattvasampannaḥ sthitiṃ karoti / saṃhāre rudro 'gniḥ antakādi sarvabhūtāntaryāmī tamoguṇayuktaḥ saṃharati / nanu kāṃścit sukhinaḥ kāṃścit duḥkhinaś ca sṛjatīti vaiṣamyādikam āyātīti cet / sarvakatmaphalatayā vaiṣamyakaraṇādoṣaḥ / mṛtsnābhakṣanārbhakajihvāṃkanakaraṇapaṭumātṛvat tadahita(ka)reṇākaraṇāc ca; sṛṣṭyādikaṃ vigrahaviśiṣṭa eva karoti; vigrahaś ca svasvarūpaguṇebhyaś cātyantābhimataḥ svānurupo nitya aikarūpaḥ śuddhasattvātmako divyātmasvarūpaprakāśako niravadhikatejorupo nityamuktānubhāvyasakalatāpaharo naitāvad ārakandalībhūtah sarvarakṣakaḥ sarvāśrayabhūto 'strabhūṣaṇabhūṣitaś ca / īśvararūpaṃ paravyūhavibhavāntaryāmyarcāvatārarūpeṇa pañcavidham / paratvaṃ nāma nityavibhūtau nityamuktānubhāvya-*

Nārāyaṇamunis Text ist hier *in extenso* wiedergegeben, da er eine recht konkrete Vorstellung vom 'Inneren Lenker' und den verschiedenen anderen Formen des Gottes im Viśiṣṭādvaita der späteren Rāmānuja-Schule vermittelt und auch die Tradition der Teṅgalai-Schule einbringt. Denn Nārāyaṇamuni steht in der Tradition Varavaramunis (Tattvatrayavyākhyāna) und damit in der Tradition Piḷḷai Lokācāryas.[230] Nārāyaṇamuni schließt sich eng an Varavaramunis in Maṇipravāla geschriebenen Kommentar zu Piḷḷai Lokācāryas Tattvatraya an und bemerkt auch selbst am Ende seines Tattvatraya: „All dies wurde wegen des Wunsches, eine bestimmte Gruppe [von Menschen] zu erreichen (*kiñcidjanānujighṛkṣayā*) in dem umständlichen(?) Maṇipravāla (*maṇipravālabhaṅgyam*) gesagt.

---

svarūpatvam / vyūhas tu sṛṣṭisthitisaṃhārārthaṃ saṃsārasaṃrakṣaṇārtham upāsakānugrahārthaṃ ca saṃkarṣaṇapradyumnāniruddharūpeṇāvasthānam / paraṃ vāsudeve [*jñāna*] *śaktibalaiśvaryavīryatejāṃsi pūrṇāni / vyūhe ekasmin na guṇadvayaṃ prakāśate / saṃkarṣaṇo jñānabalayukto jīvatvam adhiṣṭhāya dharmopadeśamatacatuṣṭayaṃ śuddhavargasṛṣṭitatvaṃ karoti / aniruddhas tu śaktitejoyuktor akṣaṇaṃ tattvajñānapradānaṃ kālasṛṣṭiṃ miśrasṛṣṭiṃ ca karoti / vibhavo 'nanto gauṇamukhyabhedena bhinnaś ca / manuṣyatvādivat gauṇatvam apy aicchikaṃ na svarūpaprayuktam aprākṛtavigrahā ajahat svabhāvā vibhavāḥ / dīpād utpannadīpanibhāmukhyaprādurbhāvā mumukṣūpāsyāḥ / vidhiśivapāvakavyāsajāmadagnyarjunavitteśādirūpagauṇaprādurbhāvāḥ / ahaṃkārayuktajīvatattvādhiṣṭhānā mumukṣūṇām anupāsyāḥ / nityoditaśāntoditādibhedāḥ / jāgratsaṃjñādicaturātmyaṃ keśavādimūrtyantaraṃ ṣaṭtriṃśadbhedabhinnapadānām ādivibhavāḥ upendratrivikramadadhibhaktahayagrīvanaranārāyaṇaharikṛṣṇamatsyakūrmavarāhādyavatāraviśeṣāḥ / tattadbhujāyudhavarṇakṛtyasthānādibhedāś ca duravadhitvāt guhyatamatvāc ca na vivicya kathayāmaḥ / śrīpañcarātrapariśramaśalināṃ suśakyāny eva jñātum / avatārāṇāṃ hetur icchāprayojanaṃ tu sādhuparitrāṇaṃ duṣkṛtita vināśanaṃ dharmasaṃsthāpanaṃ ca / bhṛguśāpādinā jāta iti paurāṇikaprasiddhyāvatārahetuḥ karmeti na ca vācyam / tatra śāpasya vyājamātram / avatārasyaicchakatvāc ca pratipādayadbhir prapannaiḥ parihṛtatvāt / antaryāmitvaṃ nāma antaḥ praviśya niyantṛtvaṃ svarganarakādisarvāvasthāsu sakalacetanānāṃ sahāyabhūtaḥ śubhāśrayavigrahasahito dhyānārthaṃ rakṣaṇārthaṃ ca bandhabhūto hṛdayakamale nivasatīti / arcāvatāras tu cetanānām abhimatadravyena vigrahaṃ kṛtvā vibhāvādivaddeśakālādiniyamarāhitvena saṃnidhiṃ kṛtvāparādhān anavekṣamānaś ca paratra samastavyāpārād avatiṣṭhate . . .* – Die Berichtigung von Druckfehlern und berechtigte Konjekturen des Herausgebers wurden nicht angegeben. Die im Sinne der Übersetzung notwendigen Konjekturen sind in den Anmerkungen zur Übersetzung vermerkt.

[230] Vgl. Tattvatraya[2] 86-114.

Aus dem Wunsch, alle Menschen zu erreichen (*sarvajanānujighṛkṣayā*) wurde von uns dieses Buch auf Sanskrit verfaßt[231].“[232]

Wenn man die Aussagen des Textes genauer analysiert, gewinnt man den Eindruck, daß die Vorstellung vom ‘Inneren Lenker’ in zwei verschiedenen Begriffen ausgelegt wird, und daß der ‘Innere Lenker’ letztlich unter zwei verschiedenen Perspektiven gesehen wird, auch wenn dies nicht ausdrücklich gesagt ist: einmal in der Perspektive der Entfaltung (*sṛṣṭi*) usw. der Welt, zum anderen in der Perspektive der Spiritualität in seiner Bedeutung für das individuelle Selbst (*jīva*) der Wesen. Diese doppelte Wertigkeit des Begriffes wird deutlich, wenn man den Antaryāmī im Rahmen des Vorganges von Schöpfung, Erhaltung und Vernichtung der Welt mit der Definition des Antaryāmī-Avatāra vergleicht. Diese stellt keine Beziehung zwischen dem Antaryāmī als Avatāra und der Entfaltung etc. der Schöpfung her, sondern bezieht sich letztlich auf das individuelle Selbst (*jīva*) der Wesen.

Die Rede vom Antaryāmī, der Entstehen (*sṛṣṭi*), Bestehen (*sthiti*) und Vernichtung (*saṃhāra*) der Welt wirkt, ist nicht mehr eine uneigentliche, bildhafte Rede vom Brahma, das Lenker, Erhalter und Rest-Habendes für die Welt ist. Vielmehr wird hier in theistischer Weise vom, wenn auch transzendenten Gott geredet, der die genannten Funktionen als ‘Innerer Lenker’ der Welt erfüllt, indem er sich mit jeweils einem der Guṇas der Urmaterie verbindet[233] und so eine weltimmanente, unterschiedliche Gestalt annimmt. In der Vorstellung des Antaryāmī in dieser dreifachen Gestalt scheint in der Tat die unanschauliche, ontologische Beziehung des Brahma zur Welt im Sinne tantrischer Kosmologie konkret geworden zu sein und mit dem Wort *antaryāmin* bezeichnet zu werden. Hier scheint sich das Theologem vom ‘Inneren Lenker’ in charakteristischer Weise konkretisiert, aber, was das Wesen betrifft, doch nicht verändert zu haben. Anders, wenn auch nicht grundsätzlich, scheint es sich mit dem Begriff des Antaryāmī-Avatāra zu verhalten, den es in der Frühzeit der Rāmānuja-Schule nicht zu geben

[231] conj. *racito 'yaṃ granthaḥ* für *acito 'yaṃ granthaḥ*.

[232] Tattvatraya[1] p. 84, 19 f.

[233] Als Schöpfer mit dem Rajas, als Erhalter mit dem Sattva und als Vernichter der Welt mit dem Tamas.

scheint, und der vom „kosmologischen“ Antaryāmī als „soteriologischer ‘Innerer Lenker’“ klar unterschieden ist. Dieselbe Beobachtung macht man, wenn man Śrīnivāsadāsas Bemerkung in der Yatīndramatadīpikā zum Vergleich heranzieht. Dort heißt es:

„Dieser [höchste] Herr (*īśvara*) bewirkte unmittelbar nach der Entstehung des [Welten-]Eies, nachdem er im Viergesichtigen [Gott Brahmā], in Dakṣa, in der Zeit usw. als ‘Innerer Lenker’ seinen Stand genommen hatte, das Entstehen (*sṛṣṭi*) [der Schöpfung]; nachdem Er in Form der „Herabstiege“ (*avatāra*) Viṣṇus und in der Form des ‘Inneren Lenkers’ in Manu und in der Zeit seinen Stand genommen hatte, war Er der Bewahrer [der Schöpfung], und als ‘Innerer Lenker’ Rudras, der Zeit, des Todes usw. wirkt er auch die Vernichtung [der Schöpfung]. Und daher ist Er der Schöpfer, Erhalter und Vernichter [der Schöpfung]. Als solcher (*evaṃprakāra*) ist Gott (*īśvara*) in der Form des Höchsten, der Vyūhas, der ‘Mächte’ (*vibhava*), des Antaryāmī und des Arcāvatāra in fünffacher Weise.“[234] Auch hier findet sich dieselbe kosmische Funktion Gottes als ‘Innerer Lenker’ ohne Bezug zum individuellen Selbst der Wesen (*jīva*), während in der Definition des Antaryāmī keine kosmische Funktion thematisiert wird. Auffallend ist darüber hinaus, daß Veṅkaṭanātha in Zusammenhang mit dem Antaryāmī im Inneren der Wesen (vgl. *hṛtpadmakarṇikāmadhyasthasya*) von einer „Herabkunft“ (*avatāra*) des Gottes spricht, genauso wie im Falle des Kultbildes (*arcā*).[235]

Berücksichtigt man all dies, so möchte man annehmen, daß Gott (*īśvara*) in jener Zeit tatsächlich in einem doppelten Sinne als ‘Innerer Lenker’ verstanden wurde, nämlich als ‘Innerer Lenker’ des Vorganges der Schöpfung, der Erhaltung und der Vernichtung der Welt und andererseits in einer spezifischen Form als Antaryāmī-Avatāra, als „Herabkunft“ (*avatāra*) Gottes im Inneren der

---

[234] YMD p. 40, 10-15: *ayam īśvaro ’ṇḍasṛṣṭyanantaraṃ caturmukhadakṣakālādiṣv antaryāmitayā sthitvā sṛṣṭiṃ karoti / viṣṇvavatārarūpeṇa manukālādyantaryāmirūpeṇa ca sthitvā rakṣako bhavati / rudrakālāntakādīnām antaryāmitayā saṃhāram api karoti / ataḥ sṛṣṭisthitisaṃhārakartā ca bhavati / evaṃprakāra īśvaraḥ paravyūhavibhavāntaryāmyarcāvatārarūpeṇa pañcaprakāraḥ /*

[235] Vgl. oben p. 88.

Wesen.[236] Aber selbst wenn die terminologische Unterscheidung von *antaryāmin* und *antaryāmyavatāra* nicht zutreffen sollte, ist jedenfalls der doppelte Aspekt des Antaryāmī als solcher nicht zu leugnen. Die kosmische Funktion des Gottes als 'Innerer Lenker', in gewissem Sinne schon im Antaryāmī-Abschnitt der Bṛhadāraṇyaka-Upaniṣad grundgelegt, wenngleich noch nicht im Sinne des Wirkens Gottes als Ursache der Schöpfung, müßte unserer bisherigen Kenntnis der Texte entsprechend in der Notwendigkeit gegründet haben, das Brahma bei der Schöpfung (*sṛṣṭi*) in eine solche Beziehung zu seinen Modi (*prakāra, śarīra*), nämlich dem geistigen und ungeistigen Seienden, zu setzen, daß der dynamisch-zeitliche Vorgang der Schöpfung verstehbar und in einer religiösen Sprache ausdrückbar wurde,[237] zumal sich dafür gerade der Begriff des 'Inneren Lenkers' dank der „Körper"-Definition Rāmānujas in besonderer Weise anbot.

Demgegenüber konnte die Idee eines 'Inneren Lenkers' als religiöse Vorstellung in Verbindung mit der Pāñcarātra-Theologie von Gottes verschiedenen Konkretisierungen zum Zweck der Weltentfaltung, im besonderen aber mit der Lehre von den „Herabkünften" (*avatāra*) Gottes zum Heil des Menschen, auch im Sinne eines Antaryāmī-Avatāra verstanden werden, und so den religiösen Glauben an Gottes heilwirkende Gegenwart im Inneren des Menschen im Sinne einer spirituell wirksamen „Mythisierung" des Absoluten zum Ausdruck bringen. Denn in dieser „Mythisierung" ist der 'Innere Lenker' zunächst Ausdruck der allgemeinen ontologischen Funktion des Brahma als lenkender Ātmā aller Wesen, *existenziell*

---

[236] Dafür würde, abgesehen von Veṅkaṭanāthas Bemerkung, bei Nārāyaṇamuni auch sprechen, daß in der Aufzählung der fünf Formen Gottes, die beiden im Kompositum zuletzt genannten, nämlich *antaryāmin* und *arcā*, beide mit dem letzten Wort *avatāra* verbunden werden können, und so die beiden zuletzt genannten Formen dann als *antaryāmyavatāra* und als *arcāvatāra* verstanden werden müßten. Auch ist es wohl kein Zufall, daß Nārāyaṇamuni nach der Besprechung der Vibhavas und vor der Besprechung des Antaryāmī und des *arcāvatāra* auf den Begriff des *avatāra* zu sprechen kommt, der in dem die fünf Formen des Gottes aufzählenden Kompositum nicht vorkommt. Dies könnte dann sehr wohl motiviert sein, wenn die beiden letzten Formen als *avatāra* verstanden wären.

[237] Vgl. dazu auch das p. 60 f. zum Begriff des „Eingehens" (*anupraviś* etc.) Gesagte.

auf den jeweils individuellen Menschen bezogen. Dieser existenzielle Bezug konkretisiert sich in der Aussage, daß der Antaryāmī helfende Nähe des Gottes in allen Situationen des Wesenskreislaufes ist, selbst in der Hölle, die der Mensch dank seines Karmas erfährt.[238] Dieser Antaryāmī ist aber auch jene Form des Gottes, welche der Yogī in seiner Meditation erfahren kann und die so letztlich ebenfalls Ursache des Heiles des Praktizierenden ist.[239] Er ist Gott selbst, der sich in freiem Wollen als Antaryāmī im Inneren des Menschen in konkreter Gestalt „bindet".[240]

Der Antaryāmī im spätzeitlichen Denken der Rāmānuja-Schule

§ 7. Wie dieses Theologem vom 'Inneren Lenker' (*antaryāmin*) in der Spätzeit der religiösen Tradition der Rāmānuja-Schule gegenwärtig war, bezeugt Raṅgarāmānuja in seiner Viṣayavākyadīpikā[241], in der dieser die upaniṣadischen *loci*, auf die sich die jeweiligen Brahmasūtren-Abschnitte bzw. deren Erklärung beziehen, kommentiert. Der dem Antaryāmī-Abschnitt gewidmete Teil dieses Werkes bietet daher, auch wenn kein Kommentar Raṅgarāmānujas zu dieser Upaniṣad überliefert ist, eine gute Erklärung von Bṛhadāraṇyaka-Upaniṣad 3, 7, 7 ff., die im Lichte der Schultradition exegetisiert wird. Raṅgarāmānujas Erklärung der Upaniṣad ist für die Lehre vom Antaryāmī letztlich bedeutungslos, zeigt aber, wie dieses Theorem in der Tradition gegenwärtig geblieben ist, und verdient es aus diesem Grunde, wenigstens kurz erwähnt zu werden. Um einen falschen Eindruck zu vermeiden, muß man allerdings bedenken, wie wenig bisher die Texte dieser Spätzeit von der indologischen Forschung zur Kenntnis genommen und untersucht wurden, sodaß man von dem Denken und der Theologie dieser späten Zeit

---

[238] Vgl. *svarganarakādisarvāvasthāsu sakalacetanānāṃ sahāyabhūtaḥ* (Tattvatraya[1] p. 84, 13) und *svarganarakādyanubhavadaśāyām api jīvātmanaḥ suhṛttvena . . . avasthitaṃ rūpam* (YMD p. 42, 1 f.).

[239] Vgl. *dhyānārthaṃ rakṣaṇārthaṃ ca bandhabhūtaḥ* (Tattvatraya[1] p. 84, 14) und *yogibhir draṣṭavyatayā . . . avasthitaṃ rūpam* (YMD p. 42, 2).

[240] Vgl. *bandhabhūto hṛdayakamale nivāsati* (Tattvatraya[1] p. 84, 14) und *avatārāṇāṃ hetur icchāprayojanaṃ tu* (*ibid.* p. 84, 8 f.).

[241] Leider fehlt sowohl Raṅgarāmānujas Kommentar zur Subāla-Upaniṣad, wie auch Sudarśanasūris Vivaraṇa zu Kapitel 6 und 7 dieser Upaniṣad. Der Text des Vivaraṇa bricht nach dem 5. Kapitel ab.

kein rechtes Bild hat. Raṅgarāmānuja selbst scheint, soweit sich das sagen läßt, kein spekulativer Kopf, sondern ein gewissenhafter Paṇḍit gewesen zu sein, der durch seine Kommentare die Upaniṣadentradition im Sinne der Schule erklärt hat.[242] Sein Beispiel zeigt, daß der kreative Impuls theologischen Denkens weitgehend geschwunden ist, und auch der spirituell-existenzielle Elan einer traditionellen, lehrhaften Vermittlung des Glaubensgutes gewichen zu sein scheint. Sein Kommentar zu BĀU 3, 7, 7 enthält seine wichtigsten Gedanken zur Lehre vom 'Inneren Lenker':

„In der Erde befindlich, in sie [ein]gegangen [und] von ihr nicht zu wissen [ist er. Er], der diese zum Körper hat, bewirkt, indem er [in sie] eingedrungen ist, deren Lenkung (*niyamana*), die durch [deren] Hervorgehen [und] Schwinden charakterisiert ist. Dieser 'Innere Lenker' ist Dein unsterbliches Selbst (*ātmā*) [d. h.] das Selbst, welches nicht durch äußerliche Umstände bedingte (*nirupādhika*) Unsterblichkeit besitzt. Weil [Yajñavalkya] einen Unterschied zum Ausdruck bringt, [wenn er sagt:] 'Dein unsterbliches Selbst', ist ein Unterschied von 'Innerer Lenker' und Einzelseele gewiß; und gewiß ist er auf Grund der Bestimmung [des 'Inneren Lenkers'] als unsterblich'. Diese Bestimmung ist zum Zweck der Unterscheidung [des 'Inneren Lenkers'] von der Einzelseele. Wegen des Zweifels, ob das Wort 'Selbst' (*ātmā*) die Eigenform meint (*svarūpavacanatva*), wenn gesagt ist: 'Der 'Innere Lenker', ist Dein Selbst', [wird] die Unterscheidung von der Einzelseele [vorgenommen]. Denn 'unsterblich' ist in dem Sinne gesagt, daß [der 'Innere Lenker' die Unsterblichkeit] nicht 'erlangt' (*prāpnoti*). Das Selbst (*ātmā*), das nicht durch äußerliche Umstände bedingte Unsterblichkeit besitzt, ist nur das höchste Selbst (*paramātmā*). Und in Übereinstimmung mit [Uddālakas] Frage wird durch einen einzigen Hinweis [mit den Worten:] 'Er, der diese und jene Welt [und] alle Wesen von innen lenkt, Er ist Dein Selbst, der unsterbliche 'Innere Lenker' (*antaryāmin*)', mit Bezug auf Uddālaka vom 'Inneren Lenker von allem' gesagt: '[Er] ist Dein Selbst'; geht es doch um die Darlegung des Selbstes.

---

[242] Über seine Kommentare zu einer Reihe von Upaniṣaden hinaus hat er auch einen Kommentar, die Bhāvaprakāśikā, zu Sudarśanasūris Śrutaprakāśikā verfaßt. Dieser bringt jedoch zum Antaryāmī-Adhikaraṇa der Vedāntasūtren nichts Neues.

Wenn [man einwendet], wozu die Vielfalt von Ausdrucksvarianten [desselben Gedankens] dient[, wenn es heißt:] ‘Er, der in der Erde befindlich ist’, ‘Er, der in den Wassern befindlich ist’, usw. verneinen [wir dies], weil dies dadurch, daß sein Bestehen als Lenker in jedem einzelnen Realen wie Erde usw. in der Fülle [seines Seins] erkennen gelassen wird, einen [guten] Sinn hat. Und ‘Fülle’ (*paripūrṇatva*) ist die Eignung [des Seins] als durch die in unbegrenzter [Weise gegebenen] sechs Perfektionen [Gottes] bestimmt sein [Wesen] zu gewinnen (*svapratipattiyogyatva*), auch wenn er nur atomgroß[243] gegenwärtig ist (*aṇumātre 'pi sthita*). So ist es von Vyāsārya im Vākyānvayādhikaraṇa[244] gesagt.

[Einwand:] Ihm gegenüber, der[, wenn er sagt]: ‘Er, der alle Wesen von innen lenkt, den sage mir’, darum bittet, [ihm] diesen [‘Inneren Lenker’] zu nennen, [welcher] ein einziger ist, auch wenn er der ‘Innere Lenker’ von allem Seienden ist, ist es ungereimt [mit den Worten:] ‘Er, der der Innere Lenker der Erde ist, ist Dein Innerer Lenker, er, der im Wasser der Innere Lenker ist, ist Dein Innerer Lenker’, zu lehren, daß es zwischen dem ‘Inneren Lenker’ in der Erde [und] im Wasser usw. und dem ‘Inneren Lenker’ in Uddālaka keinen Unterschied gäbe. Steht es doch von vornherein fest, daß es nur einen einzigen ‘Inneren Lenker’ gibt. Daher ist es richtig, daß das Wort ‘Selbst’ (*ātmā*) im Ausdruck ‘Dein Selbst’ nicht den ‘Inneren Lenker’ nennt, sondern die Eigenform (*svarūpa*) [des Selbstes des Fragenden]. [Antwort:] Nein, weil das Wort ‘Selbst’ (*ātmā*) auch in der Bedeutung des ‘Rest-Habenden’ (*śeṣitva*), des Tragenden (*ādhāratva*) usw. vorkommt. Weil zufolge von Aussagen wie ‘den Herrn von allem’[245] usw. irgendein [Wesen] erkannt wird, dessen ‘Rest’ alles ist, ergibt sich der Sinn (*ghaṭṭakārtha*), daß der durch jene Aussage[246] erkannte ‘Innere Lenker’ der Erde usw. Dein Selbst (*ātmā*) [und] der Dich als ‘Rest’ Habende (*śéṣin*) ist.“[247]

---

243 Oder „im Atomgroßen“ (= *jīva*).

244 Offenbar in einem Kommentar, vermutlich des Śrībhāṣya zu BrSū 1, 4, 19.

245 MahānārāyaṇaU 11, 3.

246 *Scil.* Der ‘Innere Lenker’ in der Erde ist Dein ‘Innerer Lenker’ etc. BĀU 3, 7, 7; s. VVD p. 156, 11.

247 VVD pp. 155, 17 - 156, 17: *pṛthivyāṃ sthitas tadantargatas tadavedyaḥ. taccharīrakaḥ san yo 'ntaḥ praviśya pravṛttinivṛttilakṣaṇaniyamanaṃ karo-*

Der hier vorgelegte Text Raṅgarāmānujas, er ist nur ein Teil des Kommentares zu den im Antaryāmī-Adhikaraṇa vorausgesetzten Abschnitte der Bṛhadāraṇyaka-Upaniṣad, enthält den Kern seiner Lehre vom 'Inneren Lenker'. Er ist sprachlich einfach und frei von jeder philosophischen Reflexion. Charakteristisch scheint die im Grunde rein textexegetische Methode, mit der Raṅgarāmānuja mit Hilfe der Analyse des sprachlichen Ausdruckes und der in ihm zum Ausdruck kommenden Sprechsituation die Lehre vom 'Inneren Lenker' aus dem Text der Bṛhadāraṇyaka-Upaniṣad ableitet.

Es sind mehrere Aspekte dieser Lehre, die dabei sichtbar werden. Zunächst ist es der Unterschied zwischen Einzelseele (*jīva*) und dem 'Inneren Lenker', den Raṅgarāmānuja sich bemüht abzuleiten. Er tut dies, indem er den Ātmā, von dem Yajñavalkya spricht,[248] auf Grund der Bestimmung der Unsterblichkeit (*amṛtatva*), die er als durch keinen äußerlichen Umstand bedingt (*nirupādhika*) versteht, auf das höchste Selbst (*paramātmā*) einschränkt; und argumentiert exegetisch, daß das Wort 'unsterblich' (*amṛtaḥ*) den Zweck hat, den möglichen Zweifel, daß Yajñavalkya mit seiner Aussage „der 'Innere Lenker' ist Dein Ātmā" nur die

---

ti. eṣo 'ntaryāmī te 'mṛta ātmā, nirupādhikāmṛtatvaśāly ātmety arthaḥ. te 'mṛtātmeti vyatirekanirdeśād antaryāmiṇ jīvavyatirekaḥ siddhaḥ, amṛtatvaviśeṣaṇāc ca sidhyati. tad viśeṣaṇaṃ jīvavyāvṛttyartham. antaryāmī te ātmety ukte, ātmaśabdasya svarūpavacanatvaśaṅkayā jīvavyāvṛttiḥ, na prāpnotīti hy amṛta ity uktam. nirupādhikāmṛtatvaśāly ātma paramātmaiva. atra praśnānusāreṇemaṃ ca lokaṃ paraṃ ca lokaṃ sarvāṇi bhūtāni yo 'ntaro yamayati eṣa ta ātmāntaryāmy amṛta ity ekenaiva nirdeśena sarvāntaryāmiṇaḥ uddālakaṃ prati ta ātmeti, ātmapratipādana saṃbhāvāt.

yaḥ pṛthivyāṃ tiṣṭhan yo 'psu tiṣṭhan ityādi paryāyopadeśabāhulyaṃ kim artham iti ced, na. pṛthivyādyaikaikavastuṣu paripūrṇatvena niyantṛtayā sthitijñāpanārthatvena sārthakyāt. paripūrṇatvaṃ cāṇumātre 'pi sthitasya niravadhikaṣāḍguṇyaviśiṣṭatayā svapratipattiyogyatvam iti vyāsāryair vākyānvayādhikaraṇe varṇitam.

nanu sarvāṇi bhūtāni yo 'ntaro yamayati taṃ me brūhīti sarvabhūtasyāpy antaryāmy eko 'sti sa vaktavya iti pṛṣṭavantaṃ prati pṛthivyantaryāmy eva te 'ntaryāmī jalāntaryāmy eva te 'ntaryāmīti pṛthivījalādyantaryāmiṇaś coddālakāntaryāminaś cābhedabodhanam asaṅgatam. antaryāmyaikyasya prāg eva niścitatvāt. atas ta ātmety atrātmaśabdo nāntaryāmivacano 'pi tu svarūpavacana ity eva yuktam iti cet, na, ātmaśabdasya śeṣitvādhāratvādyarthakatayāpy upapatteḥ. patiṃ viśvasyetyādivākyair viśvaśeṣiṇaḥ kasyacid avagatatvāt, tena vākyena pratipannas ta ātmā te śeṣī pṛthivyādīnām antaryāmīti praghaṭṭakārthaḥ.

248 Vgl. *eṣa ta ātmāntaryāmy amṛtaḥ.*

Wesensform (*svarūpa*) des Ātmā des Sprechers meinen könnte, auszuschließen.[249] Ein Argument, das bisher in dieser Form nicht begegnet ist.

Dieser 'Innere Lenker' ist in jedem Seienden, sei es geistig oder ungeistig, der höchste Ātmā in seiner Seinsfülle, auch wenn er in der nur atomgroßen Einzelseele gegenwärtig ist.[250] Die von ihm verwendete Definition der „Fülle" (*paripūrṇatva*) stammt zwar nicht von Raṅgarāmānuja selbst, wird von ihm aber ohne Einschränkung übernommen und auf den 'Inneren Lenker' angewendet. Dies bedeutet implizit, daß Raṅgarāmānuja so wie die späteren Viśiṣṭādvaitins den 'Inneren Lenker' als eine spezifische Form des „Herabstiegs" (*avatāra*) des höchsten Gottes verstanden hat, worauf auch die von ihm erwähnte Pāñcarātra-Lehre von den sechs unendlichen Perfektionen Gottes hinweist.

Im letzten Teil seiner Exegese von BĀU 3, 7, 7 setzt sich Raṅgarāmānuja in einer pragmatisch anmutenden Weise mit einem Gegner auseinander, der die Auffassung vertritt, daß Yajñavalkya mit seiner Darlegung des 'Inneren Lenkers' die Wesensform (*svarūpa*) des Ātmā des Fragenden bestimmte. Dies wird zwar nirgends ausdrücklich gesagt, doch verneint der Gegner ausdrücklich, daß Yajñavalkya mit seiner Antwort die Unterschiedslosigkeit des Ātmā Uddālakas und des 'Inneren Lenkers' lehren wolle, da eine solche Identität durch die Frage Uddālakas bereits vorausgesetzt sei. Auch zeigt die Zurückweisung des Gegners durch Raṅgarāmānuja, daß dieser die Antwort Yajñavalkyas als Darlegung der Wesensform (*svarūpa*) des 'Inneren Lenkers' verstanden hat, der Gegner also mit dem Ausdruck *svarūpavacana* meine, daß Yajñavalkya mit seiner Aussage die Eigenform (*svarūpa*) des Ātmā des Fragenden bestimmt. Wenn dies richtig ist, möchte man vermuten, daß es sich bei der Argumentation des Gegners wohl nur um die Exegese von

---

[249] Vgl. *amṛtatvaviśeṣaṇāc ca sidhyati. tadviśeṣaṇaṃ jīvavyāvṛttyartham. antaryāmī te ātmety ukte ātmaśabdasya svarūpavacanatvaśaṅkayā jīvavyāvṛttir na prāpnotīti hy amṛta ity uktam* (VVD p. 155, 20 ff.).

[250] *pṛthivyādyaikaikavastuṣu paripūrṇatvena niyantṛtayā sthitijñāpanārthatvena sārthakayāt. paripūrṇatvaṃ cāṇumātre 'pi sthitasya niravadhikaṣāḍguṇyaviśiṣṭatayā svapratipattiyogyatvam* (VVD p. 156, 5 ff.) – Der Begriff der Seinsfülle (*paripūrṇatva*) wird von Raṅgarāmānuja offenbar aus der philosophischen Tradition übernommen, ohne weiter reflektiert zu werden.

BĀU 3, 7, 7 durch einen Advaitin handeln kann. Raṅgarāmānuja weist diese Argumentation durch den Rückgriff auf Rāmānujas Lehre von der Körper-Seele-Beziehung von Brahma und Welt zurück, wonach der „Ātmā" das Brahma in einem absoluten Sinn ist und daher als 'Innerer Lenker' von allem die Welt als 'Rest' hat (*śeṣin*), diese trägt (*ādhāra*) und lenkt.[251]

Soweit die Lehre Raṅgarāmānujas, wie sie in seiner Viṣayavākyadīpikā zu BĀU 3, 7, 7 faßbar wird. Auch wenn Raṅgarāmānujas Werk für das theologische Denken der Spätzeit der Rāmānujaschule in ihren verschiedenen Ausformungen nicht charakteristisch sein sollte, was bei der Unterschiedenheit der beiden Traditionen des Viśiṣṭādvaita im Grunde auch nicht vermutet werden kann, bringt es in die Geschichte vom Theologem des Antaryāmī eine gewisse neue methodische Perspektive ein, die im Gesamtbild nicht fehlen sollte, selbst wenn sie in ihrer Art den Eindruck eines gewissen Traditionalismus nicht vermeiden kann.

---

[251] Vgl. *ātmaśabdasya śeṣitvādhāratvādyarthakatayāpy upapatteḥ. patiṃ viśvasyetyādivākyair viśvaśeṣiṇaḥ kasyacid avagatatvāt, tena vākyena pratipannas. ta ātmā te śeṣī pṛthivyādīnām antaryāmīti praghaṭṭakārthaḥ. evam . . . upadiṣṭam antaryāmisvarūpam iti śeṣaḥ.* VVD p. 156, 14-22.

Nachträgliche Gedanken zur Geschichte des Theologems

Die Geschichte von Glaubensinhalten in ihrem Aufkommen und ihrer Entwicklung läßt sich noch weniger als die Geschichte politischer Ereignisse im Sinne von sich kausal bedingender Fakten allein erklären und darstellen, selbst wenn diese Fakten beispielsweise in Form der Polemik oder der Rezeption auf Grund einer allgemeinen geistigen Situation der Zeit faßbar werden und objektivierbar sind. Nicht nur, daß die dieser Geschichte zugrundeliegenden Ereignisse geistige Leistungen sind, die als solche erst in der hermeneutischen Bemühung des Forschers durch die Interpretation der Texte oder anderer kultureller Erzeugnisse zugänglich werden und erst so ihre aktuelle „Gestalt" erhalten, entsteht die Geschichte von Glaubensinhalten, wie jede Geschichte, erst durch das „Erzählen" der durch Textinterpretation und im vorliegenden Falle auch durch die Religionshermeneutik gewonnenen Einsichten in geistige Inhalte und ihr zeitliches und kausales Zueinander und ist so nicht nur der faktische Prozeß des Aufkommens und Aufeinanderfolgens geistiger Leistungen, der als solcher noch keine „Geschichte" wäre.

Erst dem Betrachter einer späteren Zeit entsteht auf Grund des Verständnisses der interpretierten Texte etc. im Rückblick der *memoria* die geistige Gestalt eines zeitlichen Prozesses, der sich alle durch Interpretation und Hermeneutik gewonnenen Einsichten einordnen, und die so eine gleichsam „apriorische" Struktur der erzählten Geschichte des Entstehens und sich Entfaltens eines bestimmten Glaubensinhaltes bildet. Wenn aber die Geschichte als „Erzählung" nicht eine subjektive Schöpfung des Erzählenden werden soll, wird die hermeneutische Erschließung der jeweiligen geistigen Erzeugnisse wie Texte etc. zum *grund*-legenden Vorgang dieser „Geschichte".

Im Falle der hier vorgelegten Untersuchung, die sich als Beitrag zur Geschichte der Lehre vom 'Inneren Lenker' (*antaryāmin*) versteht, ist man versucht, die hermeneutische Erschließung, und damit auch die „Erzählung" dieser Geschichte mit einer Reflexion ihres Aufkommens zu beginnen. Dabei ist nicht gemeint, daß ein Bestand jener Stellen der vedischen Literatur aufzunehmen wäre, wo das Wort *antaryāmin* oder andere Ableitungen derselben Verbalwurzel vorkommen, und zu prüfen wäre, ob dort eine mit der Lehre vom 'Inneren Lenker' der Bṛhadāraṇyaka-Upaniṣad assoziierbare Bedeutung des Wortes faßbar wird, wenn auch ein solches Verfahren für die sprachliche Interpretation des Textes nützlich sein kann. Vielmehr hat die Lehre vom Antaryāmī mit der Erzählung von Uddālakas Fragen und Yajñavalkyas Antworten in der großen Disputation einen eigenständigen „geschichtlichen" Ursprung erhalten, der hermeneutisch in sich selbst verstehbar sein und „Bedeutung" tragen sollte.

Diese hermeneutische Bemühung kommt zunächst nicht darüber hinweg, daß die Erzählung dieses Anfangs die Lehre vom Antaryāmī unmißverständlich als eine „Neusetzung" versteht. Wir wissen nicht, wie die Vorstellung vom 'Inneren Lenker' aufgekommen ist, was deren ursprünglicher Sinngehalt und „Sitz im Leben" war, und wodurch diese bedingt und motiviert wurde. Wir kennen lediglich das „Milieu", in dem sie begegnet, nämlich der theologische Diskurs. In ihm wird sie erstmals thematisiert und zur Sprache gebracht. Von Uddālaka durch die Frage nach dem 'Inneren Lenker' herausgefordert, verbindet Yajñavalkya in seiner Antwort nämlich seine eigene Vorstellung vom Ātmā, die sich als solche nicht auf die Vorstellung eines 'Inneren Lenkers' reduzieren läßt, mit dem 'Inneren Lenker', nach dem Uddālaka fragt und von dem wir unabhängig von Yajñavalkyas Antwort nicht sagen können, wie dieser ursprünglich gedacht war. Indem aber Yajñavalkya die Vorstellung des 'Inneren Lenkers' mit seiner Ātmā-Lehre verbunden hatte, war das Theologem vom 'Inneren Lenker' entstanden, das in der Geschichte weiterleben sollte. Auch wenn es Uddālaka ist, der nach dem 'Inneren Lenker' fragt und von ihm sagt, daß er ihn kenne, scheint so das Theologem vom 'Inneren Lenker' die Schöpfung Yajñavalkyas zu sein und als solches deutlich über die Dimension theologischer Reflexion hinaus und ist in diesem Sinne wohl nur als „Mythisierung" eines Transzendenten zu verstehen, das den Menschen zutiefst angeht. Die immer von neuem wiederholte Schlußformulierung in der Aussage Yajñavalkyas: „Dieser ist Dein Ātmā, der unsterbliche 'Innere Lenker'," ist nicht objektivierende Sprache der Reflexion als „Rede von“, sondern „Mythisierung“ als Ausdruck religiöser Erfahrung.

Auffallend ist in diesem Zusammenhang, daß Uddālaka seine Frage mit der Erzählung der von einem Gandharva besessenen Frau seines Gastgebers Patañcala Kāpya im Lande der Madra einleitet. Dieser Gandharva ist es merkwürdiger Weise, der als erster nach dem ‘Inneren Lenker’ fragt; wir erfahren aber nicht, ob Uddālaka sein Wissen über den Antaryāmī von diesem Gandharva erworben hat und daher dieser am Anfang des Wissens von ihm steht. Warum diese Einleitung, für die es keinen Anlaß gibt? Soll mit dieser Erzählung gesagt sein, daß Uddālaka sein Wissen im Sinne von J. C. HEESTERMANs präklassischem, agonalem vedischen Opfer keinem anderen menschlichen Lehrer verdankt und daher er der im Wettstreit unbezwungene Brahma-Kenner war? Vielleicht. Bemerkenswert ist jedoch, daß die Erzählung, gleichsam vorwegnehmend, ein konkretes Beispiel eines ‘Inneren Lenkers’ bereitstellt, nämlich den Gandharva selbst, von dem die Gattin Patañcala Kāpyas besessen ist, sodaß diese Erzählung im Grunde die leitende Vorstellung einführt, mit der Uddālaka nach dem ‘Inneren Lenker’, der „diese und jene Stätte und alle Wesen im Inneren lenkt“, fragt. Wenn dies richtig ist, wären die Alternativen in Śaṅkaras Kommentar zu BrSū 1, 2, 18, die Vorstellung des ‘Inneren Lenkers’ zu interpretieren, nämlich eine Gottheit oder ein Wunderkräfte besitzender Yogī, gar nicht so weit hergeholt.

Die Verbindung des ‘Inneren Lenkers’ mit dem Brahma und dem Ātmā, die in BĀU 3, 7, 1 vom Gandharva hergestellt wird,[252] scheint jedoch eher eine vorwegnehmende Einbeziehung des Begriffes des Antaryāmī in die theologische Rede vom Ātmā und Brahma durch den Erzähler des ganzen Abschnittes zu sein, wie sie, wenn auch in enigmatischer Formulierung, von Yajñavalkya erstmals vorgenommen wird, und dann zu jener Formel wird, in der das

[252] *so 'bravīt patañcalaṃ kāpyaṃ yājñikāṁś ca: yo vai tat kāpya sūtraṃ vidyāt taṃ cāntaryāmiṇam sa brahmavit sa lokavit sa devavit sa vedavit sa yajñavit sa bhūtavit sa ātmavit sa sarvavit iti tebhyo 'bravīt* / „Dieser sprach zu Patañcala Kāpya und [seinen] opfernden Schülern: Wer in Wahrheit diesen Faden und [diesen] ‘Inneren Lenker’ kennt, der kennt das Brahma, der kennt die Welt, der kennt die Götter, der kennt die Veden, der kennt die Wesen, der kennt den Ātmā, der kennt alles. So sprach er zu diesen.“

Theologem überliefert und lebendig gehalten wird. Denn die Tatsache, daß sich Uddālaka mit Yajñavalkyas Antwort zufrieden gibt, bedeutet nicht, daß dessen Antwort nur längst Bekanntes thematisiert. Uddālaka könnte auch nur überzeugt gewesen sein und die Grenze eines Weiterfragens eingesehen haben.

Wenn dies alles richtig ist, dann scheint der Terminus *antaryāmin* ursprünglich die Vorstellung von einem eher mythisch verstandenen, agierenden Wesen bezeichnet zu haben, die erst von Yajñavalkya sekundär und metaphorisch für den unanschaulichen Ātmā im Menschen in Anspruch genommen wird. Dafür spricht nicht nur das bisher Gesagte, sondern auch die sprachliche Form des Terminus selbst und, wenn man von der Bṛhadāraṇyaka-Tradition der Lehre Yajñavalkyas absieht, das im Grunde theistische Verständnis des 'Inneren Lenkers' in der ganzen älteren Zeit[253] und nicht zuletzt auch der Umstand, daß sich in der älteren viṣṇuitischen Tradition[254] das Verständnis des 'Inneren Lenkers' als der Gott Nārāyaṇa durchgesetzt hat.

Für die Geschichte des Theologems vom Antaryāmī jedoch ist in besonderer Weise die Verbegrifflichung der mythischen Vorstellung im Sinne der Ātman-Lehre, wie sie von Yajñavalkya eingeleitet wird, wichtig. Dieser Prozeß der Verbegrifflichung geschieht letztlich schon im Falle Yajñavalkyas durch das Milieu des theologischen Diskurses. Denn es ist der theologische Diskurs des Brahmodya, der Yajñavalkya veranlaßt, die Vorstellung des 'Inneren Lenkers' mit dem Ātmā, und damit letztlich mit dem Brahma, zu identifizieren, und durch die im Brahmodya geforderte andeutende, enigmatische Rede so zur Sprache zu bringen, daß diese Vorstellung polyvalent wird und sowohl mythische Konkretheit[255] als auch die unanschauliche „Jenseitigkeit" des Ātmā und des Absoluten in sich vereinigt, damit aber zur dynamischen Struktur wird, die für die Entfaltung des Theologems vom 'Inneren Lenker' prägend ist.

---

[253] Vgl. MāṇḍU 6; und im Sinne eines Paramātmā auch BrSū 1, 2, 18 ff.

[254] Vgl. Śaṅkaras Zeugnis im BĀUBh (siehe p. 24) und die Subāla-Upaniṣad (siehe pp. 27 ff.).

[255] Vgl. die Verwendung von Ausdrücken wie „Körper" bzw. „Lenken" im Inneren der verschiedenen Wesenheiten.

Die Vorstellung von einem 'Inneren Lenker', die im Kontext der erzählten Disputation zunächst nur ein vereinzelter Frage-Ansatz ist, der erst durch Yajñavalkyas Antwort jene Wichtigkeit erhält, mit der von ihm erzählt wird,[256] wird erst dann zum Theologem im eigentlichen Sinne,[257] wenn sie in den größeren Rahmen einer begrifflich ausgearbeiteten Brahman-Lehre einbezogen und mit dieser ins System gebracht wird. Dies geschieht ansatzweise schon bei Yajñavalkya, wenn er vom 'Inneren Lenker' sagt, daß er alle Wesenheiten von innen lenkt und abschließend feststellt: „Dieser ist Dein Ātmā, der unsterbliche 'Innere Lenker'." Ausdrücklich und endgültig geschieht dies in den Brahmasūtren,[258] die den Antaryāmī ausdrücklich mit dem Brahma gleichsetzen und so seine Einbeziehung in die verschiedenen systematischen Formen der Brahma-Lehre grundlegen.

Auffallend ist bei diesem Prozeß der Systematisierung und begrifflichen Entfaltung der Vorstellung des Antaryāmī, daß und wie dieser ursprünglich „personal-agierend" gedachte 'Innere Lenker' mit letztlich „unpersonalen" Seinsvorstellungen ins System gebracht wird, und so deutlich wird, daß das Wort *antaryāmin* in diesen Systemen keinen eindeutigen „begrifflichen" Stellenwert besitzt, sondern ein Ausdruck der religiösen Sprache ist, der gleichsam bildhaft dem heilsuchenden Individuum das Absolute gegenwärtig setzt, ohne jedoch auf der Ebene der begrifflichen Reflexion eine eindeutige Referenz zu besitzen. Der Terminus *antaryāmin* war natürlich immer schon ein Wort der religiösen Sprache, das ursprünglich eine unmittelbare Mythisierung eines Transzendenten war; durch die philosophische Reflexion wurde dieses aber, wie

---

[256] Denn auch Uddālakas Frage ist letztlich vom Erzähler „erzählte" Frage und daher im Lichte der Antwort zu sehen, um die allein es dem Erzähler im kleinen Kontext geht.

[257] Mit „Theologem" (*theologomenon*) ist im vorliegenden Zusammenhang ein Lehrinhalt der auf die „Offenbarung" (*śruti, tantra* etc.) zurückgeführten Lehre von einem höchsten Wesen, sei es das Brahma, der Paramātmā oder der höchste Gott wie beispielsweise Nārāyaṇa, gemeint, der nur vom Ganzen der zentralen Lehre her Inhalt und Funktion erhält, ohne jedoch mit der ihn „tragenden" Lehre zusammenzufallen, auch wenn er sie sinnvoll ergänzt und hinsichtlich einer bestimmten Fragestellung zu erhellen vermag.

[258] Vgl. BrSū 1, 2, 19 (bei Śaṅkara 18).

beispielsweise bei Śaṅkara, in eine philosophisch-abstrakte „Mythisierung“ integriert, die dem Ausdruck religiöser Sprache eine echte Referenz entzog, und, wenn die hier vorgelegte Interpretation richtig ist, diesen Ausdruck letztlich zu einer „bildhaften Formel“ persönlicher Spiritualität machte, die in das philosophisch-theologische System einbezogen wurde.

Das Problem, das bei diesem Prozeß der Einbeziehung der Vorstellung des Antaryāmī in das begriffliche Bezugssystem einer Brahma-Lehre „überspielt“ wurde, wird deutlich, wenn man sich die Terminologie bewußt macht, deren sich die begriffliche Reflexion etwa bei Śaṅkara, bedient, wenn er vom Antaryāmī spricht: Der Antaryāmī wird von ihm im Kontext der Kommentierung von BrSū 1, 2, 18 ff. sprachlich nie mit dem „unpersönlichen“ Brahma gleichgesetzt, sondern immer nur mit dem „höchsten Selbst“ (*paramātmā*), ein Begriff, der rein sprachlich noch eine Analogie mit dem Selbst (*ātmā*) des Menschen bewahrt und so mit der sprachlichen Form des Wortes *antaryāmin* kompatibel war. Den gleichen Eindruck gewinnt man, wenn Śaṅkara in seinem Kommentar zu Yajñavalkyas Rede vom Antaryāmī in der Bṛhadāraṇyaka-Upaniṣad[259] bemerkt, daß dieser in der Tradition als der höchste Gott Nārāyaṇa bezeichnet wird, wobei diese Bemerkung zur Vorstellung Yajñavalkyas vom ‘Inneren Lenker’ gar nicht zu passen scheint.

Dies alles legt nahe, daß sich Śaṅkara offenbar sehr wohl bewußt war, daß der Terminus *antaryāmin* in der religiösen Tradition seiner Zeit eine personale Wirklichkeit bezeichnete. Durch die Einbeziehung dieses Begriffes in seine idealistisch-monistische Brahma-Lehre mußte er ihn jedoch entscheidend modifizieren. Als Wirklichkeit im eigentlichen Sinne (*paramārthika*) konnte er ihn nur mit dem einen, unwandelbaren Brahma gleichsetzen, wodurch der personale Charakter des ‘Inneren Lenkers’ im Grunde verlorenging, im Sinne eines im eigentlichen Sinne nicht wirklichen (*aparamārthika*) Objekt-Phänomens im Bewußtsein des Brahma, wurde ihm letztlich Geistigkeit und Eigenwirklichkeit abgesprochen.

Analoges gilt wohl auch für Bhāskaras Verständnis des Antaryāmī. Auch für ihn wird der ‘Innere Lenker’ durch dessen begriffliche Einbeziehung in den Bhedābhedavāda seiner Brahma-

---

[259] Siehe oben p. 18 f.

Lehre in seinem ursprünglichen Charakter entscheidend verändert. Man kann nicht annehmen, daß er den Antaryāmī im Sinne des Brahma im Zustand der Ursache (*kāraṇa*) von allem verstanden hat,[260] sondern wohl nur im Sinne einer Umwandlung des Brahma, die zwar als Seiendes mit diesem identisch, als Eigenwirklichkeit jedoch von diesem unterschieden ist, wodurch die Transzendenz des Antaryāmī in einem letzten Sinne in Frage gestellt wurde.

Es mutet daher wie eine letzte Konsequenz der begrifflichen Einbeziehung des Antaryāmī in die Brahma-Lehre an, wenn dieser Begriff bei Rāmānuja auch formal mit dem Begriff des Brahma als höchster Ātmā (*paramātmā*) zusammenfällt, dessen Körper alles Seiende ist, und der daher als Lenker (*niyantā*), Träger (*dhārayiḥ*) und alles zum „Rest“ Habender (*śeṣin*)[261] im eigentlichen Sinn des Wortes der 'Innere Lenker' von allem ist. Damit hatte aber das Theologem vom Antaryāmī eigentlich keine eigene Funktion mehr, es war in der zentralen Lehre vom Brahma aufgegangen.

Das Wort *antaryāmin* mit den ihm spezifischen Assoziationen als Element der religiösen Sprache behielt hingegen sowohl in der begrifflichen Strukturierung bei Śaṅkara wie auch vor allem in der theologischen Auslegung Rāmānujas seine Funktion im religiösen Sprachspiel als mythischer Entwurf von Transzendenzerfahrung für den religiösen Vollzug und als prägende Vorstellung der Spiritualität. Letzteres wird nicht nur durch die Auflösung des *antaryāmin*-Begriffes im Sinne des höchsten Ātmā als Ātmā von allem, auch des inneren Selbstes (*pratyagātman*) des Menschen, nahegelegt, sondern auch durch explizite Textstellen des Śrībhāṣya, wo Rāmānuja im Zusammenhang mit der Meditation von der Gegenwart des höchsten Ātmā in der Subjektivität des menschlichen Her-

---

[260] Dann hätte er wohl den Einwand des Gegners im Kommentar zu BrSū 1, 2, 20, wie in einem Körper zwei Seher gegeben sein können (siehe Bhbh pp. 35 ff.) anders zurückweisen müssen als durch den Hinweis auf seinen Bhedābhedavāda; auch wäre nicht recht verständlich, wie das Brahma im Zustand der Ursache überhaupt 'Innerer Lenker' sein könnte, da es dann noch nichts gäbe, dessen Lenker es sein könnte.

[261] Dies sind die entscheidenden Begriffe, in denen Rāmānuja seinen „Körper“-Begriff auslegt.

zens redet, und die letztlich an Aussagen der Subāla-Upaniṣad über den Gott Nārāyaṇa erinnern.[262]

Es scheint die Funktion der spirituellen „Verinnerlichung“ des Absoluten als dem Menschen und der Schöpfung als ganzer zuinnerst gegenwärtig gewesen zu sein, die mit der Vorstellung vom Antaryāmī trotz aller Wandlungen und begrifflicher „Auflösung“ verbunden blieb. Im Zusammenspiel mit dem Umstand, daß Rāmānujas Lehre vom Brahma als tragende und lenkende Wirklichkeit alles Seienden die Vorstellung von einem Antaryāmī in das ontologische Eigenwesen des Brahma integriert und so die Möglichkeit, diesen als eigenständige Wirklichkeit zu verstehen, ausgeschlossen hatte, scheint es gerade dieses Bedürfnis gewesen zu sein, welches die Vorstellung vom Antaryāmī, die durch die religiöse Sprache lebendig gehalten wurde, in der Zeit nach Rāmānuja zusätzlich zu ihrer, etwa schon bei Yajñavalkya faßbaren, quasikosmologischen Funktion auf die spirituelle Ebene verlagert hat, indem das Wort *antaryāmin* unabhängig von dieser die „Heilsgegenwart“ der Transzendenz (*brahma*) als Avatāra im „Herzen“ des Menschen bezeichnen konnte.

Die religiöse Tradition des viṣṇuitischen Vedānta der Rāmānuja-Schule, die mehr und mehr mit dem ihr schon vor Rāmānuja, etwa bei Yāmunamuni, nahestehenden Pāñcarātra zusammenfiel, scheint die religiöse Vorstellung eines ‘Inneren Lenkers’ in der Zeit nach Rāmānuja in neuer Weise zur Entfaltung gebracht zu haben. Indem sie in die vedāntische Tradition der Brahmasūtren in zunehmendem Maße das tantrische Denken des Pāñcarātra integrierte,[263] welches die verschiedenen Aspekte Gottes im Schöpfungsprozeß als eine Vielfalt „gestalthafter“ Konkretisierungen des transzendenten Gottes vermittels des Manifestwerdens seiner „Kräfte“ (*śakti*) dachte, gewann sie nämlich die Möglichkeit, den als „mythischen Entwurf“ der Transzendenzerfahrung lebendigen Begriff des ‘Inneren Lenkers’ im Sinne tantrischer Theologie gleichsam zu hypostasieren, und diesen in die Hierarchie der „gestalthaften“ Erscheinungsformen des transzendenten Gottes einzuordnen, indem sie ihn

---

[262] Siehe oben pp. 66 ff.

[263] Vgl. Veṅkaṭanāthas Ausführungen zu den „Körpern“ Gottes (siehe pp. 87 ff.).

zur Herabkunft (*avatāra*) Gottes als 'Inneren Lenker' im Sinne seiner gnadenhaften Heilsgegenwart im innersten Lebensvollzug des Menschen machte. „[Gottes] Antaryāmī-Sein ist die Gestalt (*rūpa*) [Gottes], in der Er von den Yogins zu sehen ist, [und] als Freund (*suhr̥t*) der individuellen Seele (*jīvātmā*) im Herzen [des Menschen] gegenwärtig ist, selbst wenn dieser im Himmel oder in der Hölle weilt."[264]

Neben dieser spezifischen Entwicklung des Theologems vom 'Inneren Lenker' wird jedoch auch die alte, eher kosmologische Vorstellung des Antaryāmī im Sinne tantrischer Theologie weitergedacht, und die Funktion des Brahma als Ātmā jeder als dessen Körper verstandenen Wirklichkeit im Sinne des Lenkens, Erhaltens und „Rest"-Habens durch den Begriff des Antaryāmī ausgedrückt und quasi-hypostatisch konkretisiert: Der transzendente Gott, Rāmānujas Brahma, geht bei Nārāyaṇamuni[265] als Antaryāmī in die entfaltete Wirklichkeit ein und bewirkt in Verbindung mit jeweils einem Guṇa der Urmaterie Entstehen, Bestehen und Vergehen der Welt: „Bei der Schöpfung (*sr̥ṣṭi*) schafft er als 'Innerer Lenker' (*antaryāmin*) des viergesichtigen [Gottes Brahmā], der neun Prajāpatis, der Zeit [und] aller Lebewesen, nachdem er sich mit dem Guṇa 'Rajas' [der Urmaterie] verbunden hat. Beim Erhalten (*sthiti*) [der Schöpfung] wirkt er, versehen mit dem [Guṇa] 'Sattva', als 'Innerer Lenker' der Zeit und aller Lebewesen [ihren] Bestand, nachdem er in Form des Viśva usw. herabgestiegen ist (*avatīrya*) und durch den Mund Manus usw. die Lehre (*śāstra*) verkündet und den rechten Weg gezeigt hat. Bei der Vernichtung [der Schöpfung] vernichtet Er, der 'Innere Lenker' aller Wesen in Verbindung mit dem Guṇa 'Tamas' [der Urmaterie] die [Schöpfung] als Rudra, Agni und Tod . . ."[266] Hier kehrt gleichsam nach der begrifflichen Verarbeitung in den vedāntischen Systemen[267] die ursprüngliche Konzeption des Antaryāmī, wie sie bei Yajñavalkya anzuklingen scheint, im Horizont tantrischer Theologie, wenngleich nur im Kontext der

[264] YMD p. 42, 1 f. Vgl. auch das oben pp. 100 ff. Gesagte.

[265] Siehe oben pp. 93 ff.

[266] Tattvatraya[1] p. 83, 12-16.

[267] Lediglich Bhāskaras Vorstellung vom Antaryāmī scheint hier eine Ausnahme zu sein und erinnert an die tantrische Hypostasierung des Antaryāmī.

Lehre vom Entstehen, Bestehen und Vergehen der Schöpfung wieder.

Falls die hier versuchte Deutung des Theologems vom Antaryāmī im wesentlichen richtig ist, sollte in Zusammenhang mit seiner Geschichte in der viṣṇuitischen Tradition der Brahmasūtren ein weiterer Umstand in die Betrachtung einbezogen werden, nämlich die Rolle der Subāla-Upaniṣad im religiösen Denken der Schule Rāmānujas. Ist diese eines der sonst verlorenen Verbindungsstücke zwischen dem viṣṇuitischen Vedānta und dem tantrischen Pāñcarātra in der Tradition der Schule? Diese hatte jedenfalls schon seit der Zeit Rāmānujas eine große Wertschätzung für diese Upaniṣad; nicht nur daß Rāmānuja selbst diesen Text zu einem der zentralen Problemkreise seines Denkens[268] als entscheidende Offenbarungsautorität zitiert, schreibt beispielsweise in der Zeit nach Rāmānuja Parāśarabhaṭṭa eine Auslegung (*vivaraṇa, vyākhyā*) verschiedener Abschnitte dieser Upaniṣad,[269] und verfaßt Sudarśanasūri, immerhin ein bedeutender Gelehrter der Schule, einen ganzen Kommentar, das Vivaraṇa[270], zu dieser Upaniṣad, um nur einige Beispiele zu erwähnen.

Die Wichtigkeit dieser Upaniṣad liegt zunächst darin, daß sie vedāntische Autorität mit Gedanken verbindet, die letztlich tantrischem Denken viṣṇuitischer Tradition sehr nahestehen, wenn nicht sogar tantrisches theologisches Denken in einem bestimmten Zeitpunkt seiner Entwicklung darstellen. Für die Geschichte des Theologems vom Antaryāmī, wie es sich in der viṣṇuitischen Tradition der Rāmānuja-Schule entfaltet hat, scheint diese Upaniṣad zusätzlich zu all dem, was bisher gesagt wurde, eine Art Denkmodell für die Ausarbeitung des Theologems als Antaryāmī-Avatāra geliefert zu haben; lokalisiert sie doch, wenn auch ohne Verwendung des Terminus *antaryāmin*, den höchsten Gott Nārāyaṇa im Innersten des Körpers des Menschen und nimmt die Vorstellung vom Antaryāmī-Avatāra gleichsam vorweg, indem sie die Vorstellung ermöglicht,

---

[268] Beispielsweise im Kommentar zum Antaryāmī-Adhikaraṇa oder zur Lehre vom geistigen und ungeistigen Sein als „Körper" des Brahma.

[269] Vgl. OBERHAMMER, Materialien I, p. 82 (F 61); p. 90 (F 66).

[270] Dieser Kommentar bricht leider im Manuskript mit dem Ende des fünften Kapitels ab.

daß der höchste Gott Nārāyaṇa *auch* im einzelnen Menschen anwesend ist, wobei der Zeitgenosse wohl an eine „partikuläre Konkretisierung“ des transzendenten Gottes im Sinne tantrischer Theologie denken mußte.

Die hier vorgelegten Untersuchungen und Überlegungen versuchen mit einem diachronen „Schnitt“ durch das überlieferte Material der Texte, einen historischen „Horizont“ freizulegen, in welchem die Entfaltung und Wandlung des Theologems vom 'Inneren Lenker' (*antaryāmin*) in der Reflexion der Vedānta-Tradition, im besonderen der Rāmānuja-Schule, zur Darstellung kommen kann und religionshermeneutisch deutbar wird. In der Perspektive dieses Horizontes zeigt sich, daß dieser Prozeß nicht „eindimensional“ in einer einzigen Denktradition vor sich geht, sondern traditionsübergreifend im In- und Zueinander unterschiedlicher Systeme des philosophischen Gedankens, die im Vedānta Gestalt gewonnen haben, wie Śaṅkaras idealistischer Monismus, der ontologische „Evolutionismus“ Bhāskaras und Rāmānujas differenzierte „Ontologie“ des göttlichen Seins. Es zeigt sich aber über die philosophiegeschichtliche Situation hinaus auch, daß sich die eigentliche Dynamik dieses Theologems dem befruchtenden Miteinander verschiedener religiös-spiritueller Ansätze und der auf ihnen beruhenden Typen theologischen Denkens verdankt. Dieses historische Kontinuum unterschiedlicher theologischer Denkstrukturen zeigt sich in seiner Wichtigkeit für die Wandlung des Theologems innerhalb der religiösen Tradition der Rāmānuja-Schule in dem wechselseitigen Austausch theologischer Paradigmen zwischen dem vedāntischen Denken mit seiner Neigung zu Spekulation und mystischer Religiosität und der nach Rāmānuja stärker in den Vordergrund tretenden, auf „Anschauung“ zielenden ritualistischen Spiritualität und der sich aus ihr entwickelnden tantrischen Theologie.

Das Medium, welches dieses Kontinuum, es ermöglichend, trägt, scheint letztlich die Sprache als „Mythisierung“ der Transzendenz in einem Entwurf ihrer Erfahrung zu sein. Nur weil Transzendenz durch die Sprache in einem „mythischen“ Entwurf als 'Innerer Lenker' in die Begegnung einer Erfahrung vermittelt wurde, ohne begrifflich differenzierende Festlegung, war es möglich, daß die theologische Spekulation das Theologem vom 'Inneren Lenker' in unterschiedlichen Formen entfalten konnte.

Wenn dies richtig ist, bedeutet dies, daß letztlich der „mythische“ Entwurf der Transzendenzerfahrung aus dem Glauben religiöser Tradition dem theologischen Denken die Möglichkeiten seiner Reflexion vorgibt, ohne daß diese jedoch durch begriffliche Deduktion in ihrer Aktualisierung als notwendig ausgewiesen werden könnten. Das theologische Denken antwortet dem spirituellen Bedürfnis des gläubigen Bewußtseins, das in der „Mythisierung“ seinen Ausdruck findet und diesem Denken seine Grenze vorgibt, wenn dieses bestimmte dieser Möglichkeiten je nach der geistigen und spirituellen Situation des Menschen in einem begrifflichen Entwurf auszuführen sucht.

Nachwort

Die in diesem vierten Teil der „Materialien zur Geschichte der Rāmānuja-Schule“ vorgelegte Untersuchung zur Lehre vom ‘Inneren Lenker’ (*antaryāmin*) ist der Versuch, die Entfaltung dieses Theologems in enger Anlehnung an die überlieferten Texte philologisch-historisch nachzuzeichnen und dieses selbst in seinem theologischen Gehalt zu erschließen. Die Aufnahme einer derartigen Untersuchung unter die Materialien zur Geschichte dieser Schule erhält ihre Berechtigung nicht nur durch die Sammlung der wichtigsten Texte zu diesem Theologem, sondern auch durch die Notwendigkeit, das ideengeschichtliche Werden dieser Schule nicht nur unter dem Gesichtspunkt der vedāntischen Brahma-Lehre zu untersuchen, sondern diese Schule als das zu würdigen, was sie durch ihren „Sitz im Leben“ geworden ist, nämlich als eine der bedeutenden „religiösen Traditionen“ des Viṣṇuismus, in der die Brahma-Lehre entsprechend der existenziellen Dynamik einer solchen Tradition zu einem umfassenden theologischen Weltbild werden konnte. Sie führt letztlich den Ansatz, der im zweiten Teil der „Materialien“ mit der in ihm untersuchten Lehre vom geistigen und ungeistigen Seienden als „Körper“ des Absoluten erarbeitet wurde, am Beispiel des Theologems vom ‘Inneren Lenker’ weiter aus, in der Hoffnung, daß dadurch die Beziehung der Brahma-Lehre zum religiösen Denken dieser Tradition deutlicher in den Blick kommt. Sie schöpft jedoch nicht das gesamte vorhandene Textmaterial aus und beschränkt sich zudem auf die in Sanskrit verfaßten Texte dieser Tradition. In diesem Sinne versteht sie sich nur als bescheidenen Beitrag zur Erforschung der Rāmānuja-Schule und nicht als abschließende Darstellung der Lehre vom ‘Inneren Lenker’ und ihrer Geschichte.

Abermals schuldet der Verfasser seinen Mitarbeitern Dank, ohne deren selbstlose Hilfe die Arbeit wohl als Manuskript liegengeblieben wäre, ohne publiziert zu werden. Danken möchte er in erster Linie Frau Sibylla Hoffmann für das *lay out* und die Erstellung der Druckvorlage sowie des Stellenindex, vor allem jedoch auch für ihr Interesse und die unendliche Geduld, mit der sie die Verbesserungen und Überarbeitungen, die der Verfasser immer wieder vorgenommen hat, in den Computer eingegeben hat. Sein Dank gebührt außerdem Frau Alexandra Böckle, die die mühsame Arbeit auf sich genommen hat, den Sanskrit-Text der zitierten Werke in das Manuskript einzufügen und die in ihnen enthaltenen Quellen-Zitate zu überprüfen.

Stellenindex

Bṛhadāraṇyakopaniṣad (BĀU)

Bṛhadāraṇyakopaniṣadbhāṣya (BĀUBh)

Bhāskaras Brahmasūtrabhāṣya (Bhbh)

Brahmasūtra (BrSū)

Śaṅkaras Brahmasūtrabhāṣya (BrSūbh)

Chāndogyopaniṣad (ChU)

Iṣṭasiddhi

Jayākhyasaṃhitā (JS)

Kaṭhopaniṣad (KaṭhU)

Mahānārāyaṇopaniṣad (MahānārāyaṇaU)

Māṇḍūkyopaniṣad (MāṇḍU)

Māṇḍūkyopaniṣadbhāṣya (MāṇḍUBh)

Nirukta

Nītimālā (NM)

Nyāyasiddhāñjana (NySiddh)

Ṛgveda (ṚV)

Śrībhāṣya (Śrībh)

Śrutaprakāśikā (ŚruP)

I (2)

I (3)

II

Subālopaniṣad (SubU)

Vedāntadīpā (VedD)

Vedārthasaṃgraha (VedS)

Viṣṇupurāṇa

Viṣayavākyadīpikā (VVD)

Yatindramatadīpikā (YMD)